独立日

全国首个专注独居生活的文化品牌

The Road To The Independence

从独居通往独立

读书时 独立日

独立
The Road
To The Independence

1

用一间书房抵抗全世界

魏小河 著

生活·讀書·新知 三联书店 生活書店 出版有限公司

纳筐可以帮你整理房间，“独立日”则帮你整理生活，让美好的未来现在发生。当然，我们更希望读者不断丰富自己的日常生活和精神世界，从独居生活走向独立人生。

作为国内首个专注于独居生活的文化品牌，除了书，我们还会做一些大家喜欢的、适用于你一个人的东西，也是你独有的珍藏。希望通过我们的不断努力，有更多的朋友喜欢“独立日”，享受独立日。

如果一个人想做一件真正自己喜欢的事情，往往只能一个人独自去做。也愿以后的某一天，你会笑着想起如今一个人的时光。

编者

自序：读书，只为取悦自己

我们在工作中做过许多取悦别人的事情，如何在生活中取悦自己，显得非常重要。

这是一本关于书的书，也是一本关于如何去生活的书。但实际上，我的生活里并非从一开始就有书。

我有一些朋友，七八岁时就开始啃《红楼梦》《三国演义》，上初中就大仲马、小仲马，而那时的我还沉浸在游戏的热闹里，看书对我是种惩罚。后来爱上这场孤独的修行，望着茫茫大海，是奋力潜游，还是力不能逮。但其实我并不觉得遗憾，只是刚好没有在最初的生命里喜欢上阅读，但终究，我们还是相遇了。

我读的第一本书是《哈利·波特》，好像是一个春天，我用压岁钱从镇上破旧的新华书店里把它“抢救”出来。每天早上被奶奶叫起来晨读时，装模作样把它藏在语文书里面，贪婪地看。这就是启蒙吧！虽然没有书香世家里的传承规矩，第一本也并不是什么经典名著，但还是要感谢罗琳阿姨，她让我克服了阅读恐惧症，并让我知道在字与字的组合间，潜藏着无数我不知道的秘密。

后来，和很多我这一代的人一样，经历了青春文学的狂轰乱炸，在玄幻武侠的世界里左冲右突，面对地摊上的盗版书籍如饥似渴，然后，终于慢慢找到自己的趣味所在。那是一段茂盛的日子，所有人都在冒烟，既渴望吸收，也有无数哀愁和激动需要释放。很多人写日记，写诗，写小说，很多人看杜拉斯，看加缪，也看韩寒、郭敬明。

芜杂荒原的后面，是一条更安静更孤独也更开阔的道路。日记本沉入箱底，诗稿无人诵读，荷尔蒙消散，人人都打回原形。许多人不再看书了，生活中有更多重要的事情需要他们去花费精力，那些梦想当作家的人也不写了，相比文艺的少年梦，一份踏实的工作更有前景。而对于我来说，读书，才刚刚开始。

我不是个好读者，记忆力不佳，领悟力也不够，仅是凭着一股盲目的热爱，一本一本地读，读得杂而不精，读得乱而无序，但我读得高兴。大学毕业的那个夏天，我住在省图书馆附近的一处出租屋里，每日去馆里看书，无目的地扫射，那是一段沉浸岁月，虽然是暑气腾腾的夏天，但大樟树下凉风里，让人很安静。

渐渐地，读书便成了一种习惯。床头放一本书，睡前看；

背包里放一本书，地铁里看；办公室放一堆书，休息时看。我什么都读，不是批评家，也不是学者，只是一个如伍尔夫所言的“普通读者”，“没有那么高的教养……读书，不是为了向别人传授知识，也不是为了纠正别人的看法，只是为了自己高兴。”

在高兴之余，我写下了一些文字，便形成了这本书的主要内容。不是正经的评论，而是随笔，谈书，也谈自己。不一定非要评判一本书的好坏，而是借由读书体会到生命的美好与丰富，扩展我们与世界的隐秘联系，从而确认自身。非常幸运的是，我的这些文字得到了一些读者的认可，他们给予我最大的鼓励，让我继续分享我的阅读。

是的，读书并没有给我带来什么特别的变化，但我能感受到自己变得更独立、更丰富、更自由。没有阅读，我要从哪里去获知那么多迷人的想象和精彩绝伦的思考，去了解世界之大以及我之渺小？

毛姆说，养成读书习惯，也就是给自己营造一个几乎可以逃避生活中一切愁苦的庇护所。有了庇护所，苦闷受伤时，才有治愈的地方，才有面对这慌乱世界时的强力后盾。

正如文首所说，我们在工作中做过许多取悦别人的事情，如何在生活中取悦自己，显得非常重要。

读书不能包治百病，它归根结底是一个人的事情，每个人都能从阅读中获得滋养，但是它必须来自于兴趣，始于自愿。希望这本书，能够为你提供一点动力。

这本书主要有四个部分。第一部分是经由我在“不止读书”公开征集得来的私人书房，有的文雅，有的清新，有的活泼，每一个书房都是每一个读书人脾性的映照，看看来自世界不同角落里用书堆出的岛屿，也许你也会想要升起一座。

第二部分是我的读书随笔，关于书的书，关于过去的记忆之书，关于诗歌，关于散文，关于小说，选取它们并没有特别的意图，只是刚好它们存在。

第三部分是全国一些优秀独立书店的介绍，如果你的城市有一间独立书店，请不要让它门庭冷落。

第四部分是我拟的一些书单，书单不是必需品，只是路标和参考，如果你还没有养成独立找书的习惯，或许能够帮上一些忙。

那么，归根结底，这是一本读者写给读者的书。

让我们开始读吧。

魏小河

2015年3月于深圳

目　录

Chapter 1　用一间书房，抵抗全世界

Chapter 2 一日一书亦生活

星期四：有些好书，会是作者比书好 / 143

星期五：一颗一颗发光的恒星 / 197

星期六：让我们保持对世界的好奇，对美的赞许 / 230

Chapter 3　星期天，出去逛逛独立书店！

Chapter 4　独自去探索整个世界的美好

Chapter

用一间书房，抵抗全世界

MARGUERITE
DÉCOUVRE
PARIS
玛格丽特发现巴黎
1931—1941

人生如大海，书本是一叶叶小舟，而书房，是所有爱书人的岛屿。

在这个岛上，既有太空文明的基地，也有繁复无解的迷宫。不必管尘世纷扰，不必担忧未来过去，只有此时此刻，只有此身此地。

在这个岛上，你就是王，你可以改变岛屿的山貌地形，控制降雨和阳光；你可以沿着墙壁竖起一排书架，放一张庄重的书桌，对着窗；也可以选一把摇椅，一条茶几，在阳光从玻璃照进时半躺下来。

对一个爱书人来说，想象自己的书房，装修书房，摆设书房，都是一件幸福的事情。

我一直想象自己的书房，希望它有一扇大窗户，这很重要，并且最好窗户外面有树，夏天可以听到蝉鸣，冬天有阳光照进来，窗前放一张大桌子，可以没有抽屉，但一定要大，比餐桌还大，这样书摆得再乱也不会局促，并且这个桌子得是实木的，包一层薄浆，越用越好看。

然后是书架，我以前希望有许多书架，现在不了，一两个足矣，只放心爱的书，其余皆可送人。书架要有玻璃门，这样不落灰。还要有地毯，底下是木制地板，然后有植物，有一个懒人沙发让我躺下来，左边一个可移动的小茶几，右边一盏落地灯。

以上只是我的设想，我还没能拥有这样一间书房，但做做白日梦并没有什么坏处。当然，只要有书，哪里都是书房，就算住在租来的地下室，住在10平方米的出租屋里，也可以放下一个书架，也依然可以享受读书的美好，书房有大有小，有的奢华有的朴实，这都不重要，重要的是，书房里待着的那一个爱书的你。

以下这些书房，全部来自于我在不止读书上的公开征集。这里有北漂青年数次搬家后仍然不离不弃的卧室一角，有陪伴书籍度过半生的梦想书房，也有创意无限的“冰箱书柜”们。这些照片向我们证明：散落在海角天涯的爱书人都悄悄建立着自己的岛屿，以抵抗来自外部世界的侵蚀。不过，我的用意却是，希望这些书房能够给你的书房提供一种可能，你喜欢哪一间，不妨按照它的格局也去布置一下。到时候你会发现，享受读书是一种乐趣，享受书房是另一种乐趣。

史琦的书房

我没有独立的书房，书本一直放在卧室壁橱里。后来家里换了冰箱，旧冰箱才被我改成了书柜，看书的时候就坐在地板上，倚着这个“书柜”。

我把旧冰箱擦得干干净净，买了些贴纸贴上，放了柚子皮去除味道。我终于有了一个书柜。

书和冰箱里的食物一样，都可以喂饱我。前者喂饱的是精神，后者喂饱的是肚子，缺一不可。坦白地说，最初读书是为了让自己看起来懂得很多，不知不觉中这些书为我构建了一个世界，此后我捧起的每一本书都是为了快乐。丰富知识的快乐，独立思考的快乐，独立人格的快乐。

能吃饱饭也能读书，是件幸福的事~

圃生的书房

我算不上读书人，对知识的理解很肤浅，只是对书有一些本能的感情而已，其实没有资格谈论书房，这是一个很庄重和值得敬畏的空间。只是两个再简单不过的书架，仅此而已。

林文未的书房

父亲是倒腾旧书的商人，我少时不懂事，有次内急又找不到纸，随手撕了一张泛黄的旧纸，方便完才发现，这是父亲某本旧书中的一页。此事不知如何向父亲开口，索性跟他要这本书当生日礼物，这便是我读书的开始。此后读书成了习惯，成了生活的一部分，甚至在我疯狂恋爱之后，读书依然伴随着我。

因为搬家的缘故，没有带所有的书过来，只是选择了必须读和可重复阅读的书，书对我来说可以排解很多困惑。翻开一本又一本书的时候，拥有了一种通透事物的能力，道路变得更加清晰了。每一天总是琐碎的，但是持续阅读累加在一起却可能会获取很多知识，会帮助一个又一个人更好地走这条成长的道路。所谓经历三个过程：看山是山，看水是水；看山不是山，看水不是水；看山还是山，看水还是水。

大圣的书房

除了工作，回到家，刨除睡觉时间，书房是我逗留最久的地方。一间屋子，几千册书，陪伴着我的岁月。儿子浸染于此，去美国读研了；从去年开始，一只“美国短毛”乖乖猫来到我家，也喜欢在书房逗留，所以我说，这是一只有思想的猫。

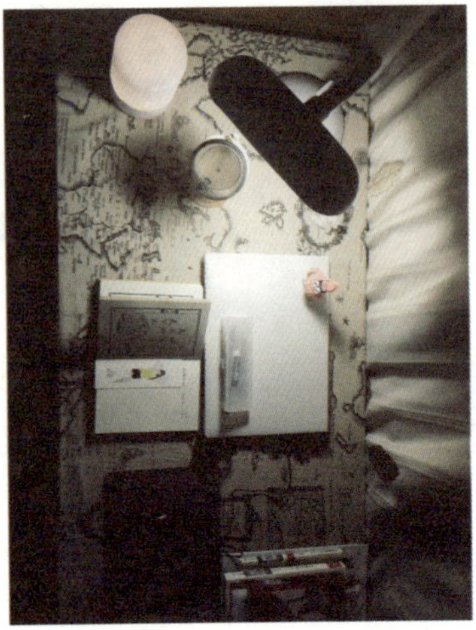

Jammy的书房

我是一枚刚刚走上岗位不久的上班狗，坐标在特大城市外围辐射区的一座小城。工作以来，几乎所有的业余时间都花在厨房和书桌前。我还没有属于自己的完整书房，上图是简易的书桌和书柜。

虽然破旧简陋，但这里是我的精神乐园。书不多，工作期间辗转腾挪，丢了送了很多书，也有费了老大劲儿硬是搬回家的。留在身边的这几本都是近来用到的或是借到快要还的书。

卧室一张单人床，余下空间，一个不堪重负已被压弯的书柜；一个款式老旧的书橱（我妈从单位里搬回来的，玻璃残缺了一块，原本是放些杂物的），床底也塞满了，实在放不下，在客厅添了个新书柜。书一本一本买回来，衔枝筑巢，也就成了我鷦鷯一枝的回旋地、栖息处。我没有什么学问，挈瓶之知，不敢自信。相信书是一叶扁舟，滔天大浪后，可作归帆。

千阳君的书房

租的房子刚好可以辟出一块地方摆上沙发和书架，书架是在宜家买的，不贵而且容量大；沙发前面的桌子也是宜家的爆款，39块，窝在沙发里看书时可以用来放脚。

学生时代的毕业照还摆在书架上，会一直提醒自己要保持体型。小书架的书多是别人送的，装帧精美，有的看了，有的没看。

刘红生的书房

不记得从什么时候开始，读书已经成为一种习惯，如吃饭、睡觉一般。虽然已经过了读书的最佳年龄段，今天看过明天不见得会记起，可是依然喜欢，每天不看看，不翻翻就好像缺了点什么……

谈不上书房，只是将书架当了客厅的背景墙。在沙发的一角，一本书，一支曲子，再来一杯热茶或咖啡，我觉得这就是我的幸福生活！

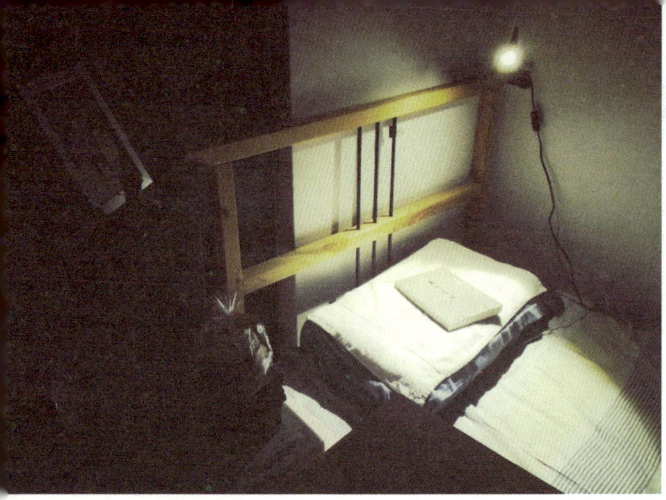

王宇嘉的书房

留学生一枚，大书房没有，小书窝一处。这些普普通通奇奇怪怪的饰物里，有漂洋越海来看我的二爷，有巴厘岛带回的Mini冲浪板，有在乌鲁鲁偶遇的阿宝彩绘石，也有塔斯马尼亚送我的贝壳，他们都是我探索这个世界的纪念，而书架上的书亦如此。白天，Kindle 提供了碎片化高效阅读的可能。而夜晚，这个枕边的小书窝便是我出航世界的港口，夜色庇护，此处独明。

饭饭的书房

这是在娘家房间的小小书架。婚后偶尔回家也希望能够抓起本书就可以读。书架是上海书展时见到的，能有效利用空间（约放200本书），能高低分隔，还可旋转。印章是藏书印，从小每本书都有盖，已经成为习惯。

阿夏的书房

现在我回到老家工作，一个人住在高中时住的学区房里。闲暇开了一家咖啡店，大多数时间在店里忙活，待在家里的时间反而很少。但这并不影响我把这间书房塞满自己想读的书，开放式书架里装的几乎都是我毕业时从上海寄回来的书，读研的两年阅读的品位和结构与之前发生了很大的变化，但依旧是买书如山倒。

书柜的一格，摆满了我大学时期最喜欢的妹尾河童的作品全集，还有许许多多跟日本有关的书籍，包括学习日语的工具书等。这个目类算是我一直的爱好，学术又执拗地阅读着。

般若衿的书房

书房，对于我来说，是一个可以自由安放精神世界的空间。为此，我的书房对于我来说兼有读书、画画、禅坐、饮茶、弹琴等很多用处。首先，占据一面墙的嵌入式松木书架是最重要的，收录了我所喜爱的精神食粮。地面，则铺了榻榻米，可以随处坐卧，甚是方便。书桌，就是一块厚重的长榆木板，坐在蒲垫上，便可画画、弹琴、码字。因为太闲适，我的书房，是我平日自己最常待的空间。

荷香书房

一直觉得能安静阅读

时间被分散得太碎片化了，

书买不少，读得却不够。所

可以拿起一本书，哪怕每晚

星期一：不要和书谈恋爱

关于读书，每个人都有自己的偏好、趣味与方法，就像每一个厨师都有自己的秘籍。所以，当我们有机会窥探别人是怎么读书的时候，一定不要放过这个机会，这是读者与读者间的过招。对了，阅读随笔时，你可以不必按照页码顺序，而是从周一到周六轮着读，会是另一种味道。

《读书年代：带上所有的书回巴黎》
作者：[法] 安妮·弗朗索瓦
译者：俞佳乐
出版社：广西师范大学出版社

读书是一件很私人的事。不论是什么体裁、何种类型，只要是书，你坐着、站着、躺着也好，厕所、公交、野外也罢，那些让你震颤不已和愿意投入所有心力去体会的幽微秘境，那些恍然被一道闪电击中脑颅炸开的感觉，那些不知触动了什么开关，源源不断流淌而下的思绪，都是不足也不能为外人道的。书本将你带入一个世界的同时也为你砌上了一道围墙，那些阅读中一分一秒嘀嗒走过的时间，以及在这时间中你和作者所共同创造的世界，都只且永远属于你自己。

但是，即使如此，即使我们都知道阅读本质的东西无法分享，所有的爱书人还是乐此不疲地谈论关于读书的方方面面。从买书到借书，从背书到抄书，从喜欢的书到讨厌的书，从必看不可的书到即使必看不可也不会去看的书，从藏书的心得到藏书的技巧，从读书的姿势到读书的方法，甚至，僭越一把，从读书谈到写作。

是什么使读书本身变成一个可堪谈论的话题，甚至书店里一本又一本冒出关于读书的书？首先，当然是阅读的普及，书不再是高价物，人人皆可参与这项据说比较崇高而又无须投入过多成本的活动（无非是几十块钱加几个晚上）。然后，就是人叽叽喳喳永远满足不了的倾诉欲和归属欲，然而我们所要倾诉的关于读书的苦与乐，那些小欣喜小烦恼，细细碎碎，唠唠叨叨，给谁听呢？还不是给我们的同类，那些同样爱看书的家伙。关于书的书越来越多，关于读书的话越来越多，不是我们越来越喧腾不知节制，违背了作为读者的良好品德，而是，我们真的进入了一个“读者时代”。

《读者时代》是唐诺的一本书，书名是张大春帮忙取的（据说这位写篇散文动辄就是几万字的先生最不会做的事情就是起书名），在这本书的序言中，唐诺又一次引用了卡尔维诺在《如果在冬夜，一个旅人》那本书里借鲁德米拉所说的话：“有一条界线是这样的：线的一边是制造书的人，另一边则是阅读者。我想待在阅读者当中，因此总小心翼翼地留在界线的这一边，不能的话，阅读的纯粹乐趣会消失，或至少会变成其他东西，那不是我想要的。这界线是暂时性的，而且逐渐有被抹拭掉的趋向，专业性处理书籍的人的世界是愈来愈拥挤了，并有和读者的世界合二为一的趋向。当然，读者人数也在日益增多，但用书籍来生产书籍的人数似乎要比纯粹爱看书的人增长得快。我知道，我即使是偶然一次，例外的越过界限，也有危险，会被卷进这股越来越升高的浪潮；因此，我拒绝踏入出版社，即使只是一会儿功夫而已。”

当然，不论是唐诺、张大春还是卡尔维诺，都是经常跨越这条界限的人，他们是读者的同时也是作者，但这段话还是揭示了一个事实：读者越来越多，势力越来越大，地位也越来越显赫。为什么？因为有许多和我们一样的阅读者同时还跑去干了作者的勾当，他们也许会感叹还是做个读者轻松快活，但正是他们代替我们发出声音。读者只能安安静静听从书本召唤唯作者马首是瞻的时代结束了，优秀的读者们杀入作者群，合力将我们推进了“读者时代”。

谁也不敢说这是一件好事。因为如前所说，关于读书本质的东西是无法分享的，我们叽叽喳喳的读者总动员，终究不过是一场团拜会，会开完了，回去面对书本的还是你孤身一人，而且这时又有了新的危险，在如此嘈杂声线的干扰之下，你还能听见作者的声音吗？

这的确是一个我们需要警惕的问题，书不只是商品，不要把消费者的傲慢之气带到读书上来。但有时候，听一些资深读者谈谈天，扯扯淡，分享分享他们各自的读书历程，还真是一件爽歪歪的事情，这种爽里面带有一种对自我的期许和对美好阅读未来的希望。

来自法国瑟伊出版社编辑安妮·弗朗索瓦的《读书年

代》，就是一本资深读者关于读书的书。安妮·弗朗索瓦既是读者，又是编辑，还是作者，一辈子和书分不开。她在这本关于读书时光的小小“回忆录”中，谈到了第一次阅读、书签、借书、图书馆、弃书、旧书、送书、买书、封面、防盗磁条等一个读者所要遇见的关于读书的几乎所有方面问题。

她带着现代读者显著的傲慢，有时候还不免刻薄，但是，对于一本喜欢的书，她也甘愿俯首称臣。怎么说呢，她真是一位现代读者的最好发言人，爱书而且诚实。是的，诚实，我认为这也是一个读者的重要品德。有时候，我们不会那么容易承认自己其实没看过某本名著，或者看一本忘一本其实压根儿什么都没记住，安妮·弗朗索瓦不在乎这些，她完完全全站在读者这边，所有的困惑和隐秘心理全部一吐而出。

现在，你想好了吗？你要做一个怎样的读者？

你家里的这些书都读过吗？

《别想摆脱书：艾柯、卡里埃尔对话录》
作者：[法]卡里埃尔/[意]艾柯
译者：吴雅凌
出版社：广西师范大学出版社

电子书大势之下，立志做藏书家的人不免叹气，可供把玩收藏的书籍越来越少，不是入了各种图书馆，就是被商人拍在手里当黄金使。普通人进这个圈子毫无前途，用这些钱玩单反说不定还能泡个美女。

我可没有雄心要做藏书家。藏书家是要有资本的，经济实力首先得雄厚，如果不是，那么至少专业上必须十分懂行，版本目录学必须精通，八卦掌故必须背熟，见到好书被别人抢走必须沉得住气，最后，还必须有“藏书穷一生”的觉悟。

我只愿做个普通读者，然而，即便如此，也会遇到有人问出这样令你尴尬的问题：你家里的这些书都读过吗？

一般情况下，我都老实回答，没有，很多没读过。这时假如我偷看提问者的脸部表情，一定会发现他努力藏着但终于藏不住的笑意，仿佛在说，我就知道，谅你也不可能看完。得到这个答案，他心安理得并且感到安全，原来对面这个人不过是拿书充门面，买书不读，呵呵。如果他性格阴暗一点，说不定还要在往后的谈话中“不小心”地数落你几句：真浪费！

对此，你能说什么呢？反正我是无力辩解。

然而，有人早就想好了对付这种不识趣者的法子，比如你可以这么回答："比这还多，先生，比这还多。"你这么一说，对方除了哑口无言，料也没有第二选择了。或者你也可以夸口："不，这些只不过是我下周要读的书。"或者来个干脆的反问："我一本都没读过。不然我留着它们干吗？"

这几面盾牌由"意大利国宝级的学者和作家"安贝托·艾柯打造，据说屡试不爽。艾柯本人拥有五万册藏书，是回答此类问题的不二人选。而这几句妙语，是在他与让-克洛德·卡里埃尔——法国国家电影学院创始人，西班牙电影大师布努埃尔的御用编剧——的对话录《别想摆脱书》里发现的。

面对不读书的人，要怎样说明藏书和读书之间的关系呢？卡里埃尔说，我们的藏书并不一定是由已经读过或将要读的书组成，它们应该是一些我们会读的书，或者我们可能读的书。即便最终可能没有读。这就类似藏酒不一定都要喝掉。

这里面有一个关键词——可能。就像你知道你所生活的城市拥有一家既舒适又有品位的书店会增加你的幸福指数，即便不经常去逛，但拥有了这种可能性，便能使你感受到一种丰富人生的美好况味。

《别想摆脱书》的两位谈话者都是藏书家，但是本书却不仅仅谈论藏书，而是由藏书引出一系列的话题，虽然看似散漫，但实际上有迹可循。在如今技术发达的互联网环境下，藏书的处境如何？书作为一种载体是否受到挑战？书籍的革命迫在眉睫？在漫长的历史中，一些书成为经典，而另一些则不，这仅仅因为作品本身吗？政治、宗教对书籍的迫害以及无知人类对书籍的无声过滤，哪一种更为严重？

先来回答第一个问题，如今的技术会不会让我们疏远书籍？要知道，我们已经能够明确地感受到，无论我们是否愿意，新的工具正在颠覆并使我们远离书籍所限定的思维习惯。尼尔·波兹曼在《娱乐至死》中赞颂的印刷术时代下的思考方式已经离我们远去。

艾柯发现，“我们不再活在一个平和的现在之中，我们只是没完没了地为未来努力做准备”。我们处于永恒的变化和不安定之中，这到底是灾难还是好事？还没有人能下定论。

但是，艾柯和卡里埃尔都对书籍抱有强大的信心。我们的知识和文化素养在很大程度上依靠记忆，在计算机比人可靠的世界里，背诵乘法表可能没有多大意义。但是，如何从自己的工具中抽取最好的部分，如何管理自己的记忆，仍然是一个不可替代的需要自身培养的技能。商铺黄页、百科全书可以被技术接替，但包含思想的书籍无可替代。艾柯不止一次提到一个关于书籍的比喻，他说，书就像轮子，一旦造好就没有改善的余地。

其次，我对这本书里的两个议题充满兴趣，一个是过滤，另一个是愚蠢。这是相关的两件事。先来看看过滤，在人类的历史中，一些书籍浮出水面，直到现在我们仍在阅读，但另一些却早已湮灭于时间之海，为什么是这些而不是那些，是谁在选择？

他们得出了一个有意思的结论，“我们对于过去的认识，归功于傻子、呆子和敌人”。为什么这样说？因为很多我们如今保存下来的残篇断简，很有可能只是因为当时的人没有发现它的价值而被忽略，就像如果有人问为什么西班牙人只摧毁了一部分前哥伦布时期建筑而保留了其他的？答案很简单，因为他们没有看见。书籍一直遭受着宗教和政治的压迫，焚书事件不只中国独有，而在各种劫难中幸免于难，或许只是因为它被用作垫桌脚，或者被敌人重点批评而得以寄存。

这无疑是一种讽刺，随之而来的问题，如果不想被时间、文化和各种人为以及自然的灾害所湮没，有没有什么办法？

艾柯和他的小伙伴给出了两大法则。第一，如果一个作家想要避免被过滤，那么他最好联合、参与某个小群体，而不要保持孤立。就像木心总是强调天才总是一群一群地降生，孤立的天才不可想象。七星社的诗人，龙萨、杜·贝莱和马洛是知交。法国莫里哀、拉辛、高乃依和布瓦洛彼此相识。俄罗斯小说家们也互相往来，甚至和法国同行都保持书信往来，比如屠格涅夫和福楼拜。

第二，想要穿越历史，恒长久远，必须艰涩难懂。因为如此，才能经得起更多的解释和关于解释的解释，才能和这些解释一起形成力量对抗时间的侵蚀。杰作并非生来就是杰作，一部杰作要成为“杰作”，必须为人所知，吸收各种因它而起的解释，而这些解释最终将会成为它的一部分。伟大的作品往往通过读者而互相影响。

说到愚蠢，艾柯又有一大发现，一个让我脸红的发现，他说，从前的愚蠢没有爆发，不为人知，今天的愚蠢却肆意横行。如今人人都想发声，而没有人聆听，人人都是作者，但读者少得可怜。

谈论没有读过的书是一件可耻的事吗？

《真的不用读完一本书》
作者：[英] 亨利 · 希金斯
译者：林步升
出版社：重庆大学出版社

“我今年读了121本书。”

年末整理盘点季，当大家热烈讨论整年消费额度、收入总数以及换了多少个性伴侣的时候，你不经意地说出上面这句话，会造成两种后果，要么获得赞美，要么获得鄙视，赞美也许言不由衷，鄙视可能酸中带刺。然而，恭喜了，你的格调成功飙升。

一百多本是一个比较恰当的数目，太多，别人会以为你压根儿是个骗子，太少又唬不住人。如果还有人问你在这一百多本书里最想推荐或最喜欢哪本书的话，你的舞台来了，追光已经打好，不用谈具体的情节，你可以轻描淡写地说某某书立意新颖，开创了某某之先河，也可以略显烦恼地指出另一本书相当平庸无聊，毫无独创性。记住，这时候不能说这本书好，那本书坏，你得用几个看起来高大上，但实际上语意模糊的词语。

这可不是我在教唆你骗人，而是《真的不用读完一本书》的作者亨利·希金斯在书中教授的办法，既然社交中谈论书无可避免，那么，怎样才能优雅地谈论你没有读过的书呢？亨利·希金斯在这本书里试图回答这些问题，并给出具体的方法。

也许你会问，我们难道不可以拒绝谈论没有读过的书吗？为什么一定要说谎呢？虽然我们都抱有如此美好的愿望，但是，你真的分得清读过和没有读过的界限吗？

现在，请老实交代，你读过《西游记》《水浒传》《红楼梦》吗？很多人没有，可是你看过电视剧，就算你没看过电视剧，你也听过别人谈论这些电视剧，你的记忆中存在着关于这些作品的知识和经验。当聊天的火车开至此处，说一句“我最喜欢的是猪八戒”，看起来毫无不妥，即使你压根儿没翻开过那本写于明朝的书。

而另一些时候，我们明明老老实实从头到尾读完了一本书，但是一年之后，却愣是连主角的名字都说不上来。遗忘是阅读中必不可少的一部分，当遗忘侵蚀了记忆，即使你在豆瓣上标记了“读过”，并且还煞有介事地写了一句短评，也未必就能证明你比从未读过这本书的人了解更多，如果他还恰好看过一篇关于此书的评论，那么谈论起来，说不定你还要甘拜下风哩。

几年前，法国知识界流行过一本叫作《不用读完一本书》的书（英译题目是*How to Talk About Books You Haven't Read*），作者是法国的一位文学教授皮耶·巴亚德。好好的文学教授不去教书，却写了一本教人如何谈论没有读过的书的书，到底有何用意？

实际上，这本书并没有标题听起来那么耸动，作者的目的在于考察一种社会现象：人们总是谈论那些没有读过的书，名人、作家也不例外。这是为什么呢？仅仅是出于文化社交的虚荣心吗？

作者提出了一个“虚拟图书馆”的概念，在人类的文化遗产中，有一些书籍已经成了基石和背景，虽然我们没有读过它们，但我们都大概知道它们在讲什么，比如《哈姆雷特》或者《红楼梦》。我们谈论书时，并不是在谈论书本本身，而是谈论我们对于书本的记忆、偏见以及我们的文化如何看它。

相比皮耶·巴亚德的文化讨论，亨利·希金斯的《真的不用读完一本书》则另有一番用意。他的这本书确确实实地给出了一些谈论没有读过的书的建议，比如上面说过的用词技巧；比如多了解一点作者的小故事，不用全面了解，只要一两点趣闻足矣（你知道弗洛伊德的首篇科学论文研究的是鳗鱼的睾丸吗？）；比如谈起一两处细节，哪怕你仅仅看了那一页，也可以大说特说，滔滔不绝（你知道我们一生会掉四万五千根阴毛吗？）。

“我们之所以阅读，是希望人生在世有更多自由和可能。”我们之所以谈论阅读，是因为我们向往这些自由和可能。不论是皮耶·巴亚德还是亨利·希金斯，他们所做的是将阅读日常化，阅读没有那么强大的功效，也不必过于隆重，在现代社会，看书人已经稀缺得紧了，就不要难为他们还要正襟危坐，一本正经，一字不落地读完每一本书。

不知道这是一种文化潮流还是一种文化堕落？反正20世纪以来的文学理论已经把关注的重点从作者转移到作品本身，然后甚至关注起读者了。消费时代，顾客至上，读者也跟着一起站到了高地。

亨利·希金斯的《真的不用读完一本书》虽然在教你怎样谈论没有读过的书，但实际上做的却是名著导读的工作，在本书中，他谈但丁、荷马，谈简·奥斯汀、乔叟，谈《战争与和平》，也谈《追忆似水年华》。

他虽然声称可以不用读完一本书，但是，很显然，这些书他都认认真真地读过了，有没有完整的翻完不得而知，但谈论和应用已是事实。书市上早就有世界名著的各种缩写本，但亨利·希金斯不同于这种简写，他的文章中有叙述更有评论，他是在转述，也是在为我们描绘一幅幅也许我们已经听过多次的美妙风景，这无疑是一种引诱，引诱我们自己亲自去风景的实地好好地探索一番。

也许，他在故弄玄虚的标题之下是为了传达这样一种讯号：真的不用读完一本书，但是，真的不能不读书。

不要和书谈恋爱

《阅读的故事》

作者：唐诺

出版社：上海人民出版社

在谈《读书年代》的时候我提到了唐诺的《读者时代》，今天要谈的是唐诺的另一本书《阅读的故事》。

唐诺其人

唐诺，本名谢材俊，台湾大叔一枚，曾做过多年编辑，也曾写过好几年的球评，是个专业的读者，同时也是位风格独树一帜的散文家。如果要八卦一下，他们一家子都是作家，妻子是18岁即以《击壤歌》出道的朱天心，妻姐是曾以《荒人手记》一举夺得“第一届时报文学百万小说奖”首奖的朱天文，老丈人是台湾乡土小说的代表人物朱西宁，女儿谢海盟，好吧，她还没有出书，不过据朱天心透露，她写的也不少。

唐诺和朱天心都是“咖啡厅作家”，每天准时带着稿纸去熟识的咖啡店写作，一坐一天，从不例外。一般情况下，唐诺一天可写出好几千字，但是他每次都大幅删减，最后的产出总是保持在500字左右。他勤奋，并且对写作抱有淳厚的敬意，以至于小说家骆以军只要看到咖啡馆里有唐诺就立马掉头——怕看到他那副用功的模样而使自己焦虑。

我想，如果让唐诺来选择，他肯定更认同读者的身份而不是作者。既然他不厌其烦地引用过N次卡尔维诺在《如果在冬夜，一个旅人》那本书里借鲁德米拉所说的关于读者的话，那么我们在这里不妨干脆再引用一遍：“有一条界线是这样的：线的一边是制造书的人，另一边则是阅读者。我想待在阅读者当中，因此总小心翼翼地留在界线的这一边，不能的话，阅读的纯粹乐趣会消失，或至少会变成其他东西，那不是我想要的。”显然，卡尔维诺是借书中人物之口说自己的心里话，唐诺多次引用这段，无疑也是同样的心思。但是，他终于还是越界了，而且频繁越界。然而，他或许可以这么为自己辩解：“我所书写最多的主题，还是阅读。”

读者写给读者的书

《阅读的故事》是一本读者写给读者的书，唐诺以过来人的身份，不疾不徐地传授阅读的经验、翻检阅读主题之下几乎包含了所有读书人都面临或将要面临的困难和问题。比如好书是不是越来越少了？书读不懂怎么办？从哪里开始阅读？太忙了没空读书怎么办？阅读的方法以及关于阅读的专业、童年的阅读、40岁之后的阅读……

阅读，是人生不可多得的礼物，它的好处遍数不尽，比如你可以借由阅读充盈生命的内涵，可以通过阅读逃避现实的坚硬，可以因由阅读学会与自己相处，当然，阅读，会给你知识。但同时，我们都有这样的经验，只要你开始读书，问题就会接二连三地冒出来，读得越多，困惑越多。阅读似乎不解决问题，或者可能是解决一个问题的同时却带出更多的问题。不少人因此困惑，反省、自责，被深深的无力感击中，这都是一个正常的读者必须面对的应然之路。唐诺提醒我们：“可能性，而不是答案，这才是阅读所能带给我们真正的、最美好的礼物。”

对待困惑，我们唯一能做的就是“等上一段时间”，因为，“我们认识这个世界，由困惑开始，但并非仰靠答案完成，更绝不是按着一问一答的机械方式来，没错，在那时候我们是再认真不过想得到答案，一心想解谜，但浸泡其中真正获得的却是某种视野，某个眼界的层层打开，某道通往世界的特殊前进路径”。

读书的方法

如何找到读书的方法是太多人迫切想要解决的问题，怎么才能更多更快地阅读？怎样才能把读过的东西最有效能地转化吸收？不知从什么时候起，阅读在很多人心目中是一种类似于扫描、提取、分解这样枯燥无聊的步骤。他们认真地阅读，一字不漏地扫过，小心谨慎地画出重点，在还没有打开书本之前，就虔诚地四处请求读书的秘诀。就像你还没有开始旅行，就在为各种可能发生的事故担心并谋划方案。

小心谨慎没有错，谦虚好学也没有问题，但世间许多美好的事情，需要你去做的仅仅是开始。过分地寻求方法，反而使得“原本可愉愉快快打开某本书直接来读的自由时光，却虚耗在阅读门外徒然的徘徊寻求；这很容易变成一种倨傲，把阅读窄化成某种‘投入/产出’的生产线作业，如此，阅读所能带给我们最美丽的礼物，那个意义充满的海洋，那个无限可能性的微妙世界就永远失落了”。

读书的时间

“没有时间读书怎么办？”“你怎么有这么多时间读书？”这个问题我被多次问到，我每次的回答都是，不能怎么办，读书就是要花时间，没有别的办法。而谈到我个人的经验，无非是晚上睡前保证一定时间的阅读，出门在外随手带上一本书等这些正确但毫无意义的废话，除此之外还能怎么办呢？我能真的老老实实地跟他说，“你问这个问题的时间不如拿来读书”吗？

唐诺对于阅读的时间问题，进行了多层次的讨论，关于没有时间读书这回事，他的答案是这样的：所谓的时间不够，是特定性、针对性的用词，意思是我们因为要把时间花在某某事上头，以至于我们也想做的某某某某事被排挤了，因此，不真的是时间的绝对贬值匮乏，而是我们一己的价值排列和选择问题。

也就是说，当你说你没时间读书时，不是你真的没有时间，而是读书不在你花时间的优先选项中，排在读书前面的可能是和朋友吃饭、看电影、上网、聊天、加班、带孩子等现实且实在的生活细节，读书能否在你的时间分配中争得一席之地，绝无其他办法，仅仅靠的是你自己的心意。

跑野马式的书写

唐诺作为最懂读者的作者虽然被许多人喜爱，但同时也有另一些人对他不置可否，或者干脆抵制，这倒不是对他的思考全盘否定，或者认为他只不过借着“读者”的名义欺世盗名，而是针对他的文字风格。

我们必须承认，两岸分隔几十年以来，台湾的书面语言和我们走上了两条完全不同的路。或许是现实语言的贫乏逼着作者们在文字中开疆辟土，或者是文学发展到后来就是会有一些人孜孜不倦的在文字的排列组合中寻找美学上的乐趣，台湾和马来西亚的一些华人作家，虽然写的是中文，但常常会给你一种“另一种中文”的感受。总体上，他们更注重文字的复杂多变，注重文字的密度，注重文字排列出来本身的形式和音乐美。他们吸收了很多西式语句的结构，混合使用在我们总是不断提到的中华传统之中，产生了一些奇异的反应。

骆以军的小说和唐诺的散文，是众多语言风格中的一个风向。首先，他们让生活化和口语化的语言进入文字，将说与写杂合在一块；另外，他们都热爱长句，热爱那种在句子主干中嵌套各种形容词修饰以及句子套句子的写法，这与中国传统崇尚简洁、凝练的语言风格是背道而驰的。但语言的丰富性，正是需要不同的风格试探去拓宽疆土。我个人非常喜欢骆以军的《西夏旅馆》，以及在这部小说中他所使用的绵绵长句所营造出的鬼魅梦境之感。

说回唐诺，他所写的散文和大陆所有的现代散文书写不同，不仅是句子变长这一回事。还有，他所写的散文，很少叙事性内容，更多的思辨和梳理。同时，虽然他在几万字的文章中给出了小标题，但即使如此，你也会被他带着偏离主题好几百里，然后一个转身，重新回到问题的核心，他的句式和他的文章结构是一致的：漫长、缓慢、迂回。总而言之，与如今追求效率的阅读风气格格不入，毫无疑问，他的文章是要求读者的。

另一被诟病处

唐诺另一被诟病之处在于他毫不吝啬地引用，而且，引用来引用去总是那几个人，博尔赫斯、卡尔维诺、昆德拉、艾柯，或许还有几个，但也超不过十个，这些名字反复出现，终于招致了读者的抗议。

可是，唐诺对此表现得毫不让步，他有他的理由：如果博尔赫斯就是讲得比你好，好这么多，为什么非坚持用自己的话来说呢？

另外，他认为引述也是读者和读者间的接头暗号，这是一种会心点头，也是读者对作者的回馈和报恩。写作“有意义的目标在于你想得对不对，好不好，深不深入，准不准确，有没有想象力或究竟还有没有其他可能性，哪有那个美国时间去检查这是否是你独创？”。

引用也是能力，这只要看看周作人那些“文抄公”文章就知道了，周在众多书籍中寻觅裁剪出一篇新文章，这种拼贴所要求的阅读量和鉴别力不比所谓的原创难度大。唐诺则是另一路数，只引用这么几个人，不是广泛，但绝对的精专，就像著名的文学评论家布鲁姆几乎把莎士比亚看作上帝，我们的阅读之路上，总有那么一两个可以源源不断指引并给予我们力量的灯塔。

关于题目并结尾

不要和书谈恋爱，这是唐诺给我们的忠告。“跟书保持友谊就够了，很多人也许不相信，但友谊真的是比恋爱远远宽广而且精致的情感。”

换句话说，读书是一辈子的事，如果像谈恋爱那样在一段时间内过分地投入心力，不可遏制地生发出欲望，也许激情昂扬，但对一个人的阅读人生是有损耗的。细水长流，不要排山倒海，不止读书，但要读书不止。

这一本看目录完全像是使用手册的书，看完之后，你会发现也许并没有得到实用的技巧，因为它对问题的回答和思考更深一步，回到问题的本源，有时候直接把问题给取消了。

但是，如果你能够适应唐诺的独特风格，一定会体会到读者对读者的用心。读唐诺的文章，就像穿越丛林，一路密密麻麻的树枝荆棘，一不小心就会迷路。终于抵达终点，却发现已经找不到来时的路，因为细节太丰富，岔道太多。如若想重新穿过，只能另辟一条路径，那时，你自又会发现一个新的可能性的世界。

用阅读迎接死亡

《生命最后的读书会：一位母亲·一个儿子和书的世界》
作者：[美] 威尔·施瓦尔贝
译者：姜莹莹
出版社：中国友谊出版公司

《生命最后的读书会》被我从图书馆的书架上拿下来，已经是一个月以前的事了。我喜欢看任何与书有关的书（除了版本学）：书评，书话，读书随笔，读书日记……这些书是读者和读者的秘密，只写给我们。

一年前，我在这个图书馆的相邻书架上看到过一本《在德黑兰读〈洛丽塔〉》，讲的是伊朗某大学教师私人召开秘密读书会，带领学生们在家里读各种文学名著。那个下午瘫在图书馆沙发里看了几章，最后由于各种原因没有借走。后来几次来，几次走，都没有再看到它。这回遇见《生命最后的读书会》果断借出，结果埋在书堆里，这几天才翻出来。

和《在德黑兰读〈洛丽塔〉》不一样，那个读书会在师生之间秘密进行，有外在的政治压力。这里，正如书名中所透露的，是“生命中最后的读书会”，有关阅读，也关于死亡。作者威尔·施瓦尔贝，是世界知名出版公司Hyperion Books的总编辑，也曾是《纽约时报》的资深记者，出版过一本很有名的书——《长尾理论》。在他事业有成之时，母亲被诊断出癌症。如何面对母亲不可避免的死亡，如何与母亲交谈，成为需要思考的问题。有没有什么话题是需要注意的，有没有什么是应该表达的，作者试图在《疾病的礼仪》中寻找答案，但最终他找到一个更好更舒适的与母亲在一起的方法：谈论书。

母亲热爱阅读，威尔也是，在他们热烈的交流过对某本书的看法之后，威尔决定建立全世界最小的读书会——只有两个人的读书会——他和母亲约定同时看一本书，下次见面时则来讨论它。从2007年直到母亲去世，有两年多的时间，他们陆陆续续看完超过100本书。在这长长的书单里，有胡塞尼的《追风筝的人》《灿烂千阳》，有托尔金的《霍比特人》，有罗尔德·达尔的《查理与巧克力工厂》，有索尔仁尼琴的《古拉格群岛》，有托马斯·曼的《魔山》，有毛姆的小说，也有萧伯纳的戏剧……

这当然是关于读书的书，但更多的是关于送别，用阅读进行的一次漫长告别。在书中，作者写道："我明白了一点，当深爱的人将要死去时，可能同时要做的是庆祝过往，活在当下，并为未来哀悼。但还有一个念头能让我微笑。我会记得母亲喜爱的书，当孩子们长大了，我会给他们看这些书，并告诉他们这是他的祖母喜爱的。"读书在这里成为记忆的媒介，成为思念的寄托。

但请你相信，这不是他们展开读书会的原因。为什么在死亡来临之际还要读书？为什么？书本中没有回答这个问题，但却在其中一章引用了英国作家艾伦·班尼特《非普通读者》

的一段话："打发时间？"女王说，"看书不是用来打发时间的，看书是为了接触其他生命和其他国家的。"

这或许就是母子俩持续看书的理由：接触其他生命，感受这个世界，思考这个世界。甚至，连这点原因都不需要，她在癌症之后还不断读书，只是因为她一直这样。她喜欢。

有一次，母子俩讨论到是否应该阅读令人沮丧的书甚至有关癌症的书时，母亲说："我不觉得死于癌症比死于心脏病或其他疾病，以及死于意外或任何其他事情更悲惨。这就是生活的一部分，是真实的生活。如果把有关死亡的书都排除掉，那么我们就没有几本能看的书了。"

正如威尔所强调的，他的母亲是一个勇敢的人，一个好人。在生命最后的阶段里，他们通过读书变得更为紧密，在外人如我看来，还这么优雅。就像我看到龙应台在《亲爱的安德烈》一书中与儿子进行平等的对话时会羡慕，在读这本书时，我也为威尔与母亲的关系感到欣喜。你知道的，有多少母子待到成年相顾无言，虽然满心都是爱，却无法交流。

死亡虽然是一件悲伤的事情，但作者的母亲本人不悲伤，我们读下来，也不必悲伤，书中介绍的一本本书是一个个驿站，我们临了得到的，是对死亡的预习。

星期二：且把记忆煮作粥

过去如深潭，唯有文字可以打捞。不论是“二战”时的日本，内战时的中国，五十年代的北京，还是过去不久的八十年代，我们通过他人的回忆，建立起我们与这个世界的关系。

《王鼎钧回忆录四部曲》
作者：王鼎钧
出版社：生活·读书·新知三联书店

回忆录人人写得，写得好看的却不多。它和小说不同，小说可以恣意想象，回忆录必须贴地飞行，小说可以虚造时空，回忆录必须以实为录。它和一般散文也不同，散文格局小，抓住一个点，可以造出一颗琥珀，回忆录一生河流回溯，浩浩汤汤，有大波澜也有小水涡，若心里不透亮，不知取舍进退，便容易陷于琐碎。

写好回忆录，有两个基本考核。一是写得好，二是有的写。甭管你是一国之首或是一代之雄，写出来的文字味同嚼蜡，除了研究人员，一般人不会去看。另外，光会写也不行，总要经历，总要回忆，若一生平凡普通，工作结婚娶妻生子，未建功业未经人事，纵是妙笔生花，也嫌不够。

王鼎钧，两件都得了，经历是不能选的，文学是自己习来的。

王鼎钧1925年生于山东兰陵，成长于耕读世家，12岁时抗日战争爆发，他与家人一起逃难，一路饥寒；17岁时离开家乡，前往安徽阜阳求学，当了三年的流亡学生；20岁时，抗战胜利，国共内战开始，他辗转奔波六千七百公里，谋生谋命；24岁时，国民党退居台湾，他侥幸上得轮船，远渡海岛，三十年文学江湖，已有成就；54岁时，退休离岛，移民美国，继续文学征途；67岁，开始写回忆录，历时十七年完成四册大书，写尽那一代中国人的因果纠结，生死流转。

上面是经历，是有的写，而写得好，是慢慢打磨来的。小时候，王鼎钧的母亲教他读《论语》，打下基础；后来抗战爆发，学业无以为继，父亲让他跟进士的儿子疯爷学诗；再后来去后方求学，生活艰难，唯独写作的爱好越发清晰，苦练苦学，终于发表了第一篇文章，有了第一篇就有第二篇、第三篇，这一根笔杆子成为一家人的饭碗，待到台湾，发展出半生事业，以《碎琉璃》和《左心房漩涡》为代表，成一代散文大家。

他晚年写出的这四部回忆录，离开了空灵抒情散文的道路，回到质朴，回到本心。《昨天的云》写故乡，家庭和抗战初期的遭遇。一开篇，先写故乡，再写故乡的名人，写一辈辈传承，然后才到得家庭，到得自己，他是把自己放到整个秩序中去，让我们从大远景看到这片土地，接着远景、中景、近景，才有他的家、他自己，然后镜头跟着他，踏上一生旅程。

《怒目少年》写抗战后期到大后方做流亡学生。流亡学生，“流亡”在前，“学生”在后，虽是求学，也是求生。他跟着学校一路颠沛流离，辗转于阜阳、陕西汉阴等地，从一个少年渐渐长大成人，见着兵痞、学潮，一路疮痍，“出入于两种怒气（对外国和对本国）之间的我，以一个少年人的受想行识，构成《怒目少年》这本书的内容”。

《关山夺路》写国共内战时期奔波谋生的经历。他先是入了国民党的军队做文职，辗转多地，最终在天津被解放军俘虏，继而被放，一路徒步胶济铁路全线至青岛到上海，最终远走台湾……

《文学江湖》写台湾经历种种，出入文学江湖。他到台湾第一件事，写稿，投稿，就住在码头，等着发表，才敢安顿下来，知道笔杆子可以养活自己和家人。接着他进入报纸副刊，进入“中国广播公司”，写字，发表，朝文学的路上走。王鼎钧也经历过白色恐怖，被车接走盘问。

一本一本看下来，几十年的中国历史，在王鼎钧一个人身上发生，密集，贴己，真实。这是个人史的好处，他将正史中的数字具体化，将一笔概括的句子丰富为一个人的半生浩荡。王鼎钧写得诚实，没有把国家放在个人之上，而是老老实实从自己写起，各种主义的迷雾消散，才看见真实。

这四本书，厚薄不一，写作时间相隔十七年，写作手法也有些许不同。《昨天的云》写得投入，全身心扎入那段历史，代入感强，读起来有劲。从《怒目少年》开始，写到当时事件，作者会评论，会审视，会以现在的目光重新总结。这可以让作者的观点表达得更透彻，但也会让读者失去些一路跟随跋涉的劲头。《文学江湖》最厚，却也最不经看，一方面是历史的密度稀释，另一方面是作者以报纸为阵地刊发，许多章节明显是主题先行，没有第一部那样流水自然。

虽说这四本书分开来各有长短，但放在一起就力敌万钧，生命的厚度增加了文字的重量，历史与个人经验的交融，填补了课文里的缝隙。“滚动的石头不长青苔”，滚动的石头才会留下深刻痕迹。

听，静海深流

《平如美棠：我俩的故事》

作者：饶平如

出版社：广西师范大学出版社

你见过海吗？

不是灰扑扑挤满光膀子游泳圈太阳伞的城市海湾，也不是清澈见底白沙银滩如玻璃般透明的旅游景点。这两种海，前者可怜，后者单薄。我说的是那种广阔深蓝，有白云，有海鸟，有邮轮前行，有鲨鱼捕食的海。

我只在电影中见过这样的海，静而蓝，不见底。广阔无边，使观看者看见自己渺小，看见世界之大。

看《平如美棠》，就像看大海。每一滴海水，都是平如的记忆。他已年过九十，却用图画和文字改写山川地形，一笔一笔从冰封的记忆之山引下溪水，而下，而下，遇见青草，遇见泥土，遇见另一条溪水，汇聚成河，成江，泥沙滚滚而下，终于平缓、开阔，入海。

《平如美棠》是饶平如的回忆图文书，“平如”和“美棠”分别是他和妻子的名，端是这两个名字放在一起，就美得不知说什么好，放在舌头上多读几遍，有栀子味。画是丰子恺式的中国味漫画，文是沉沉静静一笔笔写来的干净散文，甘而不腻，平实如家常菜。

开篇一句“我的完整记忆起始于8岁那年，家里为我举行发蒙的仪式”为整本书定下基调：娓娓道来，且浸透历史细节。

饶平如出生在江西南城县，少时迁往南昌，家庭殷实，有传统的家庭教育。前文提到的“发蒙仪式”写完“上大人孔夫子化三千七十士……”之后，平如的记忆抓牢的，是各种生活中的细节：妈妈教他怎样洗脸，在晚饭后给他和弟弟讲故事，四时节气的风俗，虎皮鸭子、薯粉肉丸、咸水粽子等吃食，还有除夕夜的家庭赌局，十五的灯会……

这样的童年充满了旧时中国的味道，我们在很多回忆文章中都可看到——鲁迅记忆尤深的“社戏”，胡兰成说也说不尽的“西游记”——传统的中国在文字里以碎片形式呈现，我们水中望月，一捞就碎，却每每着迷于这遥远的月光。

平如和美棠的婚姻和故事，也在这些旧岁月里悄悄写就，他们小时候见过，但终于结婚，也是家里做主。那是1946年，抗日战争结束，父亲来家书唤正在军中的平如回家定亲。一回家，“父亲即带着我前往临川周家岭3号毛思翔伯父家”，“走至第三进厅堂时，我忽见左面正房窗门正开着，有个年约二十面容姣好的女子正揽镜自照，涂抹口红”，这是成人后，他第一次见到美棠的印象。

很快，他们就在后来成为“南昌起义纪念馆”的江西大旅社完婚了，他穿着军装，美棠着西式婚纱，风风光光的一场婚礼。婚后，他们携手走了好些地方。虽然正值国共交战，烽火连天，但个人叙事才不管你时代的车轮如何滚，着笔处只管两人一边寻工作一边游玩。徐州、临川、樟树镇、柳州、贵阳、安顺，他们一路走去，虽然国事一团乱麻，他们却好好度了一趟蜜月。

回南昌后，工作无着，做生意，几次亏本。最终，他们举家到了上海，定居下来。

叙事从这里加速，大时代还是要强行插入，1958年9月28日，饶平如赴安徽劳教，自此开始了与家人22年的分别。“动荡的年代，五个孩子正要度过他们人生中最重要的青春期，长大成人、读书学艺、上山下乡、工作恋爱”，而他却都不在场。

看过太多家庭妻离子散亲人反目成仇，但他和美棠从没有生过一丝放弃的念头。他被劳教后不久，单位要求美棠和他划清界限，美棠没有理会，照管一个人拉扯几个孩子，和那个时代的很多家庭一样，颤颤巍巍地走了过来。他们一直通信，在本书的最后，附有部分信件，看这些信，会被那些具体的“胶鞋”“咸鱼”“月饼”“棉衣”所感动，思念和爱，都附着在这些具体的物件上。

吃穿用度，就是生活。

1979年，平如回到上海。生活渐渐好起来，他们的身体却渐渐地坏下去，尽管医术昌明，关怀备至，美棠还是于2008年3月19日离开了人世。这一章的题目叫“君竟归去”，最后一页纸上，画着一个老头看着三只玩耍的猫，平如美棠的故事，自此缺了一位主角。

平如说，“对于我们平凡人而言，生命中许多微细小事，并没有什么特别缘故地就在心深处留下印记，天长地久便成为弥足珍贵的回忆”，这些回忆如静海深流。再静的海，底下都藏着你所不知的暗涌。

战争与少年

《少年H》
作者：[日]妹尾河童
译者：张致斌
出版社：生活·读书·新知三联书店

1941年12月8日，日军进攻香港，17天后，港督宣布投降，香港沦陷。

此时张爱玲21岁，正在香港大学念书，战争爆发，她和同学们一起去守城，躲空袭，到临时医院做看护。

此时萧红30岁，被诊断出肺结核，在战火中越发虚弱，一个月后落寞离世。

此时妹尾河童11岁，和父亲、母亲、妹妹一起住在神户，据说攻陷香港会特别配给的砂糖和点心没有落实，妹尾很失望。

同一个时间里，有无数人经历了自己独一无二的命运，若把他们当时当下的境遇抽离并举，会发现截然不同的千万种人生。同一件事，有人庆幸，有人哀愁，有人愤恨，有人埋怨，世界如此复杂，难以理解，人们站立的位置不同，所见所经历所感受也全然不同，没有人能成为全知全能的上帝，但多一个视角，多一双眼睛，可能会看见更清晰的世界。

妹尾河童是日本当代最具代表性的舞台设计家，20世纪90年代曾以《窥视日本》《窥视印度》《窥视工作间》等一系列图文并茂的著作名声大噪，1997年出版《少年H》，一改往日的图文风格，以细腻笔触写下了少年时代的种种经历，饱含情感，充满细节并且持有力量。那是一个疯狂的年代，童年被战争的阴影覆盖，一个少年的成长应有的磕磕碰碰并不减少，而战争带来的深刻痕迹，久久难消。

中国人阅读妹尾河童的这本回忆录，会有更加复杂的感受，它不仅仅是个人的回忆，时代的证据，还是我们从来没有看到过的山的那一边，是我们永远无法忘怀的苦痛战争的另一端，它提供了一种新鲜的经验，让我们看清了战争，于里，于外，都毁坏人，毁坏一切。

《少年H》写的是1937年至1947年的回忆，从7岁到17岁，从满心只有山和大海，只懂得玩耍和美食的孩子成长为独立求生的少年。这里面有许多人人皆可会心一笑的共同回忆，也有战争对一个家庭和个人的重大影响。这些记忆属于妹尾河童一个人，也属于整个时代。

妹尾河童生长在神户长田区鹰取町，父亲盛夫是一位裁缝，专门制作西装，对时事有独到的见解。母亲敏子是个虔诚的基督徒，饭前祷告，热心传教，对生活充满干劲。妹妹好子还小，但非常懂得体贴哥哥。妹尾河童原名妹尾肇，因“肇”字以罗马拼音拼写“H”打头，敏子特别织了胸前有“H”字样的毛衣给妹尾，所以大家都叫他“H”。

在回忆开始的时候，H只有7岁，他和所有孩子一样贪玩，着迷于游戏，对很多事情充满好奇，有无数个为什么，对父亲有天然的崇拜……妹尾河童写得很细小，也很动人，他写吃东西，写刀叉，写尿床，写母亲到处传教让他感到难为情，写去海边就像去游乐场。当然，他还写了“红标唱片小哥”和“娘小哥”，他们一个是赤色分子被抓去充军，一个因收到征兵令上吊自杀，战争的阴影已经开始聚集，但少年H元气淋漓，依然活得充沛快活。

日子渐渐起了变化，各种禁令频出，不准登高远望，火车开过海边要自动拉下窗帘，不准看非法书籍，不准庆祝圣诞，不准从右到左写字。与禁令同步的，是征兵的越发饥不择食，是对金属的全面清缴，战争虽然在远处展开，但已经影响到了具体生活。

在作者的一节节叙述中，少年H一点点长大，战争的影响一天天增多，报纸上的新闻越来越趋近于谎言，个人经历与历史的旋涡越发接近。

终于，经日不断的演习成真，美军开始轰炸神户，那一晚，父亲去消防署工作未归，妹妹好子早被送往乡下外婆家，H和妈妈在家里遭遇烧夷弹，大批B-29轰炸机盘旋在城市上空，他把被子浸透冷水，与母亲披在头顶朝外狂奔。这一晚，母亲依赖于他，13岁的少年突然承担了责任，从此，独立起来。

之后，是苦闷的青春期。无人理解，无人倾诉，迷茫、彷徨，这是所有人的青春，但少年H更复杂，他遭遇了时代。日本战败，军国主义被压制，美国接管，许多往日发誓为天皇效忠的人摇身一变，开始宣扬民主，H想不通；本来开朗有见解的父亲，经过战争变得沉默寡言，不再有明确的观点，对一切都支支吾吾，H想不通；H想做水中的一根木桩，而所有人都随波逐流，他想不通。

他自杀过，火车从身上呼啸而过，他没有死。他对抗体制，义无反顾。他自己谋生，和画家学画，去广告公司打工。

看一个少年是如何长成一个独立的人，是这本书的骨架。而那遍数不尽的细节，关于战争的种种个人记录，对军国主义的细节捕捉，是这本书的血肉。这是H的成长与时代的遭遇，是一部个人史，也是一部不一样的战争史，他写出了自己的挣扎和长成，也写出了国家的泥潭与歧途。

我承认我不曾历经沧桑，

但我还可以聆听

《乱时候，穷时候》

作者：姜淑梅

出版社：浙江人民出版社

姜淑梅今年76岁，满头银发，穿着水红色上衣，看上去精神很好。这张照片印在她的新书《乱时候，穷时候》的封底，在照片下面，是她的简介：1937年生于山东巨野县，1960年跑“盲流”至黑龙江省安达市，做了二十多年家属工。1997年开始识字，2012年开始写作。

姜淑梅生在民国，经历过抗日战争、国共内战、土地改革、大跃进、文化大革命，好像从她记事起，世界就没有安宁过，是真正的乱时候、穷时候。经历就是故事，她有一肚子的故事要说，可惜不会写，老了，跟女儿学写字，70岁才开始一笔一画地把那些民间传说和家族记忆写下来。终于，成了这本书。

蒋方舟有一本书叫《我承认我不曾历经沧桑》，她是对的，不仅是她，我们这一代人都不曾历经沧桑。这当然是好事，世界和平、物质丰富、科学昌明、医学发达、两性平等、人格独立，用我外婆以前常教育我的话说，“你们生在好时候”。

我们生在好时候我们自己是不自知的，长辈知道，告诉我们，我们也不领情，我们有着完全不同的生活经验，我们认为好时候也是我们应得的，甚至有时候会厌烦长辈们的抠门、省吃俭用、厌烦他们的念叨和跟不上时代。我们被各自的经验困囿，互相不能抵达。

现在，有蒋方舟的讲述，也同样需要姜淑梅的讲述，我们需要表达自己感同身受的独有困境，也需要聆听那些被遗忘了的过去故事。即使那些故事骇人听闻、残忍、不可理喻，也需要被听见，被知道。不是为了从中寻找什么教训，获得什么意义，只是因为那些故事是过去真实发生的，而我们想要知道。

人们愿意并且渴望通过故事来理解世界，所以才有小说盛行，而在小说远没有出现的时候，故事就开始了。木心曾经说过小时候听保姆说《七侠五义》和水浒故事津津有味，我们也都还记得中学课本里鲁迅的《阿长与山海经》，我们自己，又有哪个不曾听过长辈们讲故事呢？

《乱时候，穷时候》做的就是这样一件事：讲故事。她讲小时候听来的故事，讲自己儿时的经历，讲裹脚，讲逃难，讲守寡，讲自己的母亲、父亲、舅舅、二姨，也讲大跃进、文化大革命……她所讲述的都是她独有的经验，她自己的人生，她的故事带有普遍性，却又独一无二，世上只有一个百时屯，也只有一个姜淑梅。但是，世上真的只有一个百时屯、一个姜淑梅吗？

故事是和现实拉远了的叙事，聆听者是不用为故事中的人物负责的，并且相当安全。饶是如此，刚翻开没两页，还是给惊着了，因为没想到老太太“口味这么重”，头几篇几乎没有一篇不死人，而且死得那么轻而易举。《胡子攻打百时屯》一上来就杀人，文章结尾，有这么一段：做好了饭才想吃，二大爷拿着一个血淋淋的东西回来了，二大爷说：“这个胡子活着，俺给他一刀，用脚一踹，心就出来了。这才是活人心，俺吃了它！”第二篇《点天灯》更是恐怖：“点天灯就是在犯人的两个肩上挖洞，放上粗灯捻子，倒上豆油点着，把人慢慢烧死。”

姜淑梅在讲这些故事时不饰夸张，不拐弯抹角，直来直往，非常硬，下手快准狠，形容词不多，短句，主要是动词和对话，现场感忒强。一个个故事就像脱了水，听多了，心里沉。在姜淑梅的叙述中生死不是需要着重大书特书的事，因为它们就遍布于生活之中。处理死亡的句子很平常，却看得人心里一冷。比如《拉锯》的结尾，她写：“拉锯的时候，死人都埋在北门外。不打仗了，俺哪次走到北门，都得捏着鼻子跑，不敢喘气，死人的臭味儿可难闻了。第二年，埋死人的地方种了棉花，棉花长得好，长到一人多高，就是不结棉桃。”这难道不像一篇短篇小说的结尾吗？

在整本书的阅读过程中，女性问题同样触目惊心，作者小时候去上了几天学，被村里人笑话，丢人，于是不去了。半大姑娘了，在外面和人聊天，丢人，于是好几年大门不出二门不迈。要结婚了，她坚决不接受父亲的建议，没有提前和对方见面，因为这样做是很丢人的，哪有结婚前先见面的。于是她结婚登记的当场，对面坐着8个男人，她知道这8个人里有一个是自己的丈夫，但不知道是哪一个。结过婚，她被婆婆欺负，不能反抗，全部苦水肚里咽，丈夫写信要休妻，她差点自杀。

在姜淑梅讲述的世界里，女儿嫁出去就是泼出去的水，就算婆家再不好，要么忍着，要么只有死路一条。各种女性被欺辱而毫无反抗之力，甚至从未有反抗的意识。就像作者说的："早些年，俺那儿去个生人，都在门外问：'家里有人吗？'要是男人不在家，女人就答：'没人。'男人不把女人当人，女人也不把自己当人。"

我喜欢这本书，不仅在于它给我带来了我不曾想象的过去生活的细节，也在于它让我回想到我自己听外婆说的故事。小时候是不自觉的，听她讲她小时候从村里老人那里听来的传说和鬼故事，一边听着害怕一边还要继续。长大了，她会讲她自己小时候的事。外婆说老太不喜欢她，小时候家里穷，没有饭吃，到处都饿死人，大人们把好吃的都给哥哥吃，她吃不到。她指着骨节突起的脚趾说，小时候没有新鞋，永远都穿旧鞋子。外婆20来岁的时候和外公从安徽逃荒来到江西，参加造林，成了林场工人，从此就在这里安家，生了四个孩子，把我妈妈、舅舅、小姨拉扯大，再带我和表弟，今年她过70大寿，年初七烧一大桌子菜，可是那时候我已经出来上班了。我想，我要重新去听外婆讲她的故事。

我承认我不曾历经沧桑，但我还可以聆听。

王安忆带我们看星光灿烂

《今夜星光灿烂》
作者：王安忆
出版社：新星出版社

总觉得作家不会老，张爱玲一想起来还是一手叉腰睥睨天下的年轻骄傲女子，鲁迅仍然留着一抹笔直胡子，王朔年轻气盛骂起人来咄咄逼人，王小波则耷拉着脑袋站在美国的街道上……不像明星，作家藏在作品后面，一张两张照片，便成了读者心中永久的印象。

我记忆中的王安忆，是肖全照片里抬头抱手盯着镜头，头发妥帖，眉目清楚，炯炯有神的样子。算下来，这张照片拍摄至今（2014年，编者注）已经20年，1954年3月出生的王安忆，到如今，正好60岁了。

60岁，对于一个作家的创作生涯来说，还有很多可能，更好更棒的作品也许就要诞生。但是，60岁，对于一个生活着的人来说，已然是一个节点。记忆一垒垒越堆越厚，参与在记忆中的人却一个接着一个走散。

《今夜星光灿烂》是王安忆的散文集，如标题所示，星光灿烂，写的是人。从1981年到2012年，这本集子贯穿了王安忆几乎全部写作生涯。第一篇《我的老师任大星》，写的是王安忆刚刚回到上海给《少年文艺》投稿结识的编辑任大星，现在看来，有一些句子，很明显的受当时风气影响，比如最后一段“如今，我在做编辑了，又在学着做小说了，在学着一切必要知识的首先，应该学会真诚的为人。在心底，我一直把任大星同志当作我的老师”。事实上，几乎所有标明写于八十年代的文章，都可以清楚看到年轻作者的心态和习气，要知道，作家也是一笔一笔一字一字写出来的。

翻着一篇篇文章，其实是王安忆一年又一年的日子。她出了一本一本的小说，她去国外参加活动，她获奖了，她认识了一个又一个的人。在这本集子里，王安忆大大小小写了好几十个人，有著名作家如巴金、萧军、顾城、史铁生、路遥、陈映真、陈思和、陈村、马家辉，也有同学、朋友、普通人，甚至还有一些明显受邀而写的序文。时间流水而过，质量也参差不齐。

要知道，散文好写，特别对于已成名的作家，生活里随便什么事，记一笔就是一篇文章。而且，全国各地上百张报纸副刊等着发稿，只要按时交稿，一切好谈。但真要写得好，实在也非容易。毕竟，一辈子下来，真正交心的朋友没有几个，真正了解的人也不过手指可以数出的那些，希望用一篇千字文章击中谁，太难。

在这本集子里，有几篇特别好的，且挑出来，一是写顾城的《岛上的顾城》，一是写陆星儿的《今夜星光灿烂》，还有写她外甥的《我们家的男子汉》以及《男子汉成人》。顾城这一篇写于1992年8月17日，王安忆在这篇文章里动用了小说家的笔法，有很多直接以第三人称为主的叙述，顾城成了她的人物，而这个人物本身发着光。这篇文章没有涉及我们后来动不动就要谈到的惨案，因为离那件事情的发生，还有一年时间。这隔着的一年，给了这篇文章独有的轻松气氛。

写陆星儿这篇动人，是真动人，和其他怀念故人的文章不同，不是那种客客气气的写法，而是真的朋友，真的日子。"星儿走了一年多，我们继续生活着。因不是至亲的人，所以造不成什么改变。但是，有时候，忽然之间，一阵难过袭来，也不是肝胆俱裂，而是，惘然。"基调从第一句话就定下了，从认识到别离，有好有淡，有亲热也有矛盾，王安忆在这篇文章里，将自己剖开最多，我们看在眼里，自然懂得。

《我们家的男子汉》就像许许多多的作家写他们的孩子或者他们亲戚朋友的孩子一样，一种旁观者的观察，发现那些闪光的天真和趣味。因为孩子本身闪耀，文章自然轻盈有趣。但《男子汉成人》则不一样，这篇文章离上一篇写成过去十几年，文中的小朋友长大成18岁的少年。是亲人，是真的了解，真的关心，也是真的无奈。少年愁绪，被王安忆看在眼里，写下来，也是如此而已，还能怎么办呢？

有时候，文章不能太干净，太平整，些许疙瘩和雾气，反倒给了读者盘桓的机会，才有那种看罢不知如何是好若有所思却实在不关你事的惘然。

且把记忆煮作粥

《深夜食堂》

作者：[日] 安倍夜郎

译者：陈颖

出版社：湖南文艺出版社

前两年，网上有一部日剧很火，叫《深夜食堂》。我看着大家赞不绝口的架势，也去看了一下简介和剧照，但由于当时还有《绝命毒师》在追，就没凑那个热闹。其实心里还是怀疑，每晚一道菜，有什么好看的？

一直到现在也没看过这部剧，但这两天，我在看它的原著，安倍夜郎先生的漫画版《深夜食堂》。手上有的是第5~8部，便从第五部看起，反正是关联性不强的小故事构成，从哪里看起都行。

这种结构就像我们熟悉的情景喜剧，不论是《老友记》《生活大爆炸》还是《我爱我家》《武林外传》，场景大致是固定，主要人物万年不变，按说这种剧集没有激烈的情节冲突，也没有什么清晰的线索，应该没什么好看吧？但恰恰是这些剧集，不论在收视上还是口碑上都相当出色，甚至，比一般电视剧更长寿。

因为没有具体的情节和线索，反而能够容纳更多内容。人物生活在一个空间里，故事自然发生。正如我们的生活一样，一些人出现了，产生一些故事，然后消失，接着出现另一些人。但这个空间不变，这个空间的主人不变，故事可以永远讲下去，直到我们看腻了，或者作者写累了。在这样的故事中，我们容易忘记时间的概念，它似乎是永恒的。

传说阿拉伯有一个国王，每天娶一个女子，然后第二天早上就把她杀了。有一个姑娘要阻止他这种残忍的做法，自愿做他的王后。进入王宫后，她开始给国王讲故事，讲到紧要关头，行刑时间到了，国王正听得津津有味，就说：过一天再杀吧。可是故事一个接一个讲下去，永远讲不完。

以上就是《一千零一夜》的故事，《一千零一夜》里有一千零一个故事，每个故事都是整个大故事的细胞，它们一起，构成了这部经典。就像我们在夏夜里抬头，看见银河，其实看见的是无数颗发光的星球。

在《深夜食堂》这部漫画里，我们看到的也不仅是一个开饭店的老男人和他的食客，而是在午夜食堂这个空间里，一连串小人物的故事和他们之间的关系。这种关系有些像邻里，但有不同。他们有着都市人的特征，孤独，自我。他们彼此是陌生的，但由于经常光临这个店，和老板产生了半生不熟恰到好处的关系，甚至和其他的客人也有所熟识，于是，打个招呼，一起聊聊天，甚至变成情侣都是正常事。

于是，看这部漫画你会有这样的感觉，刚看几页，觉得还好，看得越多，越觉得好。因为你和这些人物混熟了，对这家店也相当了解。这是一家开在东京街头的小店，午夜开门，早上关门，店里的菜单上永远只写着猪肉套餐，但不管客人点什么，老板大概都能做得出来。

深夜。食堂。所以来这里的客人大致都是些在世俗生活中不如意，或本身就存在于社会边缘的人。比如总是倒贴年轻男生的小瞳小姐，减肥不成的真由美小姐，虽然已经年老但曾经风华绝代的脱衣舞娘八千代太太，卖保险的午夜牛仔志村先生，年轻的酒店女招待小花小姐，变性人阿润，牛郎佐藤先生，开夜总会的加代子妈妈桑，SM女王丽美小姐和她的来自美国的“奴隶”艾力克先生，拍美女脚而成名的导演高岗先生，还有具有“碰不到好男人”基因的麻子麻美麻里一家……

是他们的故事丰盈了深夜食堂，他们大多不如意，或者失恋，或者孤独，到这里点一碗吃食，在深夜里给自己找点温暖。这些食物也很平常：五花肉大西红柿卷，大麦茶，黄瓜，高汤，姜汁猪肉套餐，酱炖青花鱼，烤饭团，茶泡饭，麻婆豆腐，青鱼子，奶油炖菜，泡菜猪肉，咖喱乌冬面，芝麻拌菠菜，蛋包饭，汉堡和尖椒……但他们对于食物往往有自己的偏好，小花的姜汁猪肉套餐一定要碎肉的，午夜牛仔志村先生的烧酒里是要加黄瓜丝的，麻子一家的烤饭团必然是花椒小沙丁鱼的馅儿。这些偏好和选择的后面都是记忆和温情，每一种口味的形成，都是故事。

妈妈的味道，前任的味道，初恋的味道，我们用食物确定回忆和自我。故事不用复杂，但因为有了时间的参与，而变得温情脉脉，并且略带忧伤。无须否认，我们都活在故事中，经历故事，讲别人的故事，也被别人讲进故事。你肯定也知道哪里有一家这样的“深夜食堂”吧。

我也爱这哭不出来的浪漫

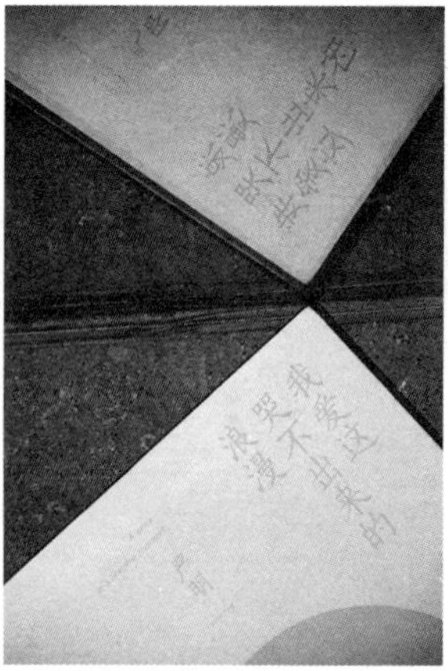

《我爱这哭不出来的浪漫》

作者：严明

出版社：广西师范大学出版社

我的第一部手机是诺基亚3110C，黑色，简单，带摄像头，30万像素。我用它拍同学，拍猫，拍校园，有一个晚上，自习散了，我坐在篮球场边的长凳上，静默地面对时间。背书的用功学生陆续回了宿舍，情侣聊天的声音越来越小，只有路灯亮着，小虫围着灯光旋转，墙外的马路偶尔有车经过，一切都静下来。我拍了一张被树影围绕的路灯，然后回宿舍洗澡睡觉，这个日子不复存在。

后来我总是打开手机看那张照片，灯光柔和，橘色光环在画面里晕开，树影层层叠叠笼在周围，温暖，静谧。似乎是从那时开始，我喜欢上拍照。没有训练，没有任何知识储备，只是发现了照片与现实的关系，不仅仅是定格和截取，照片谢绝了画面以外的所有，唯独于此，唯独这张照片，这个样子。

我用这手机拍过一个覆满泡沫塑料的湖面、广州的一个公园、一个离我老家不远处鄱阳湖边的小镇。我当时不懂得什么叫单反，不知道什么叫构图、曝光，那是一种细微到不必与人说的小小乐趣，就像当时在晚自习的本子里写下密密麻麻不会再看的文字。

大学时，我买了一个二手单反，入门级别，标头，半旧。我专门坐了一个小时的公交车去城市另一端的学校，付了钱，揣回来，钻进废弃的楼房，走向学校外面的村庄，拍照。技术上仍然不是很懂，但乐意，有时候拍到一张不错的照片，心里喜欢，由衷高兴。

我从小的梦想是做一个动物饲养员，12岁之后把它舍弃；后来我的愿望是做一个主持人，一个电台主持人，在夜里说话，对着茫茫黑夜，别人看不见你，你也不必见人。为此我参加了艺考，没有考上，那是我第一次为了自己想做的事情努一把力，虽然结果不佳，已然对我重要万分。第一次我开始明白掌握自己，但随后，这几年，又被别的什么攫住了，身不由己。

在这个愿望没有实现之后，我又有两个新的愿望，一个是写一本书，一个是当摄影师。我的大学同班同学，有一位叫作阿强，他懦懦地对待一切，平时大家都拿他开玩笑，他笑笑便算了。他喜欢动漫，喜欢童话，写了两篇几万字的小说，我看过，不觉得好，但后来出版了，而我仍然什么也没有写。

大学毕业的那年，大家都去实习，我待在家里迟迟不动，不安，不定，想要留住什么，然而什么也留不住，时间还是把我推向城市。但那段时间，我很怀念，闲，真的闲，有时无聊，有时焦虑，但你可以感受一点点变绿变挺括的树叶。天气一天天转热，门口的小孩子一点点长大，还去捉了鸟，去摘了茶，和父母一起清明扫墓，拔竹笋，和土地贴得很近。

回到城市，我开始找工作。当时有两个选择，一个是摄影工作室的助理，每月600块钱；另一个是网站编辑，每月1200块钱。我去做了半天助理，第二天去那个网站报到上班。面对生计，我没有决心，仓皇逃走，步入“正途”。

后来，可能没有后来了，拍照并未成为一项持久的被实践的爱好，那个二手相机已经蒙尘许久，完全坏了。也曾动念去买一台胶片来玩，但究竟没有动，是心力不够足了，这很可惜，也可恨。

我从来没有彻底地投入过，没有九死一生，断绝后路为了什么而奋斗付出。我贪恋安稳，越来越愿意保持平衡。这都是絮絮叨叨的废话，一个失败者的慨叹。说这些，是因为看严明的新书《我爱这哭不出来的浪漫》。严明是个摄影师，你如果看过那一期《独唱团》，就看过他的照片，那张礁石上的男子。我非常喜欢这些照片，它们方方正正地存在着，包裹着孤独气味和迷茫情绪，有水，有雾，永远幽长，永远沉静。不是安静，或是寂静，是沉静，沉下来，并且静。可以一直看，一直看。用他自己的一个词，是“幻境”。

他的一系列照片叫作《大国志》，内容却都是些荒疏地方，一些似乎已经萎谢的人。他不常拍肖像，而爱拍场景，不是风景，风景容易死。他的照片里会有人，但人小，在灰蒙蒙的图片中更显得小，世界大，安静，衬着人孤独，有忧思。

关于他的照片，我愿意说许多话，可是说不了，语言永远不如图像直观，你说再多，不如他给你一张相片，你看。

可以说说严明这个人和这本书。这不是摄影集，而有点像森山大道《犬的记忆》，散文，关于自己，关于摄影，关于过往来路。老实说，写得不是上好，但值得看，书里有照片，文章谈及照片，可以看到照片背后的故事。另外，就像严明所说，不要研究照片，可以研究人。严明玩了十年乐队，后来转行进报社，做娱记，转而当摄影记者，又是十年，然后辞职，从南到北去拍照。

他在书里有一句话戳中我，“敢不敢一步步去做，实际上是信心问题”。敢不敢，做了其实就做了，只是很多时候，权衡来权衡去，不敢。关于这本书，不用我总结，他已经说得清楚，“这本书不教赚钱，不教人如何改变世界，我想谈的是关于保本、关于如何不被世界改变”。

我们以什么姿势回忆八十年代？

《半生为人》
作者：徐晓
出版社：同心出版社

散文和现实世界关系重，不论文风幽默还是雅致，都在人间，是现实生活的切片，一经写下，这一场景以及因这场景连着的记忆和背景都被摄入文字。散文，天生怀旧。小说则不同，小说有翅膀，能飞，有的飞得高，飞到地球之外去；有的飞得低，飞在头顶上，琢磨人间破事。饶是如此，小说也非切片，它不是从现实生活中切割储存，而是由现实生活衍生变化。散文静，小说动；散文不由得小，小说则可以很大很大。

我偏爱散文超过小说，正因为散文静，甚至小，容易进入文本，却不会耽溺。阅读散文会有种仍然在与真实世界发生关系的错觉，而小说取消了这一感受，使我不安。我不知道阅读的口味及偏好是否有高下之别，但是，趣味差别的背后，或许真的能够概括出某种共性。比如，更爱读小说的读者，往往精力充沛，活力十足，对人对事充满激情，积极主动，爱社交，爱运动。而更爱读散文的读者，则趋于植物性，被动，沉静，缺乏激情。

徐晓的《半生为人》是一本以怀旧为主题的散文，正好契合我的植物属性。在忙碌和寒冷的冬天假期里，提供了一种静默的时空背景。

徐晓如今是“思享家系列丛书”的主编，出版了包括野夫、刀尔登、陈冠中等人的重要作品，还曾帮助出版了北岛的《失败之书》以及高尔泰先生的《寻找家园》。从前，在并不遥远的七十年代末，她是《今天》的编辑，参与并见证了那个已然被抛诸脑后的充斥着理想主义和浪漫主义的八十年代。

随着前几年查建英《八十年代访谈录》的轰动，“八十年代”这几个字有了更多文化上的意义，像“民国”一样，它被怀念，被缅怀，被重新叙述，甚至重新想象。我们如今看到的金光闪闪的“八十年代”和“民国”，究竟是不是百分之一百的真实，无从考证，但毫无疑问，这两个时代，给了我们一种想象和图景：原来以前不是这样，原来，我们也曾有过这么一个好时候。

在《半生为人》中，徐晓以私人的视角记述了她的爱人和朋友，她的牢狱之灾，她的精神启蒙。在《永远的五月》《爱一个人能有多久》中她追忆了与周郿英的爱情与婚姻，记述了她是怎样爱上这样一个与痛苦相伴并配得上这些痛苦的丈夫；在《无题往事》中，她回忆了与对她精神启蒙起决定性作用的好友赵一凡的交往，描绘了一种在现在看来纯粹而美好的精神世界；在《监狱中的日常生活》中，她果真把监狱当作日常生活，写下了恐怖和痛苦之外的牢狱之灾；她还写到了史铁生、北岛、芒克……写下了她无法忘怀的八十年代，那个年代中的人，那种纯粹的建立在精神层面上的交往，以及那种对精神世界纯粹的渴求和实践。

在理想主义和幼稚病画等号的今天，作者知道能够真正理解她的读者不多了。我是她的理想读者吗？恐怕不是。我受不了刻意悲情，受不了无时无刻的感伤情调，受不了过度抒情，虽然我在阅读过程中常常流泪，但总有一点儿不对劲提醒着我，我们不在一个频道上，她实际上并非怀旧，而是她仍然在八十年代的阴影下写作。而我，在解构再解构的大众文化熏陶之下，已然无法郑重其事地对待“精神追求”，对待“人生的意义”。“虚无”和“娱乐”是我们思考的背景，即使只相隔30年，却已然是两个世界。

徐晓以及徐晓笔下的人物都被那个时代刻上了深深烙印，而我，我们，也同样被这个时代所控制。我们该如何面对和回忆那些往事，如何从过去中寻找线索，连接血脉，如何在阅读、流泪之后思考八十年代，思考当今？这或许是如我一样的当代读者在读完本书之后应该思考的问题。

北岛带我们重回北京

《城门开》
作者：北岛
出版社：生活·读书·新知三联书店

一

去年一月初，我第一次跨过长江，去往北京。那是一个晴朗的冬日，天高而远，出租车把我拉向市区，窗外整齐的行道树赤条条地站着，有风，没有叶子。我坐在后座翻手机，司机师傅并没有试图和我聊天，我也从不具备任何搭讪的勇气，时间静默，车子持续行驶在道路上，发动机的马达声像心跳一样自然，和窗外寒冷的冬天达成默契。

没有任何一个陌生城市比北京还要让我熟悉。我熟悉这里的建筑地标，我在课本里，照片里，杂志上，电视中看见它们，天安门、大裤衩、鸟巢、人民英雄纪念碑。我熟悉这里消失的和未曾消失的地方，周作人曾在西山养病，鲁迅在八道湾胡同度过了一段好时光，郝云的歌里提到了景山，GALA说北戴河也是乐园，宋冬野让我看见地铁的终点站写着安和桥北时撇起了嘴角，陈升远在台湾唱起了百花深处。

我道听途说了太多关于北京的记忆碎片，谁叫它是首都呢。作家们写它，歌手们唱它，拍电视剧以它为背景，新闻联播每天按时轰炸，就连我初中时的语文课本都是北京大学出版社出版，考试用的试卷来自海淀某某中学。是的，我从未踏足北京，但这座城市并不全然陌生。

这一次，我在北京转悠了半日，见识了北京的地铁，北京的树，北京的街道，北京的报刊亭，北京的风和北京的天空。最令我印象深刻的，是北京的人。实际上，我压根儿没见什么人，去的都是郊区，北京大学，圆明园，国图，城市的现代化一面还没来得及撞见我就匆匆走了，我见到的，大多是大爷大妈。这些大爷大妈热情，直接，说着一口北京话，就算卖个东西，也能顺便帮你暖暖心窝子，俩字儿：舒服。

离开之后，我有了我短暂的北京。我的北京是安静的，萧瑟的，冷而且空旷的。如果没有第二次，更多次地重回北京，我就不可能改变我的北京记忆。实际上，没有一个人与另一个人关于一座城市的记忆是相同的，没有两个人拥有同一城市，就像我们常说的，世界上没有同样的两片叶子。不论你是土著，是海归，是白领，是游客，你都拥有自己的关于城市的记忆，你都拥有独一无二的个体感受。

城市总是很大，而人很小。没有哪个人可以掌握整座城市的所有历史与传说，走遍所有的街道和小巷，尝遍每一家餐馆，参观每一处景点，看遍每一个方向的日出与日落，与每一个人成为邻居和路人。

城市是所有人的，但，也仅仅是你一人的。

二

2001年年底，因父亲病重，北岛回到阔别了十三年的北京。

北岛生于1949年，和共和国同龄，他在这里度过了他的童年，他的青春；在这里他经历了三年困难时期，经历了“文革”；在这里他写下了《回答》，创办了《今天》……直到1989年，他不得不离开故土，漂泊在不同的国家，成了一名被祖国辞退的诗人。

离开北京时，他40岁，回来时，他53岁。在北岛的记忆中空缺的关于北京的十三年，恰恰是北京，是整个中国剧变的十三年，如今，他回来了，却“没有想到，北京已面目全非，难以辨认”。北岛说：我在自己的故乡成了异乡人。

何止北岛，何必流亡国外，何必十三年，候鸟般离开家乡工作的你，每一年回归故乡，不都可以看到触目惊心的变化吗？城市化、模式化、水泥化、塑料化，我们的四个“现代化”铺天盖地，天罗地网，滴水不漏。

北岛不愿意面对这样的北京，这样的故土，所以，他“要用文字重建一座城市”，重建他的北京，并用他的北京否认如今的北京。

在他的北京，“时光倒流，枯木逢春，消失的气味儿、声音和光线被召回，被拆除的四合院、胡同和寺庙恢复原貌，瓦顶排浪般涌向低低的天际线，鸽哨响彻深深的蓝天，孩子们熟知四季的变化，居民们胸有方向感”。

毫无疑问，这是一个相当有吸引力的北京，而通往这座记忆之城的路径只有一条——阅读《城门开》。通过这本书，北岛打开城门，“欢迎四海漂泊的游子，欢迎无家可归的孤魂，欢迎所有好奇的客人们”。

周作人、郁达夫、唐鲁孙、张中行，数不清的作家写过北京，现在，请看看北岛的北京。北岛的北京独一无二，不仅仅在于这是北岛个人的记忆，还在于，这几乎是一本以童年视角为主的书，这是一座孩子的北京。

童年的北岛，那时他还叫赵振开，带领着我们回到他居住的三不老胡同1号，带我们重新感受五十年代的北京夜色，回味鱼肝油和大白兔奶糖的少年气味，聆听蛐蛐和知了的四季声音，了解钓鱼和游泳的游戏趣味，想起小学、初中、高中及至热闹和荒诞的青春。有些地方，我想起邹静之的《九栋》，那也是北京，但邹的北京更阴郁，更冷，北岛的笔下，北京光芒万丈，元气淋漓。

作为非北京读者，我不能通过这本书获得某些莞尔一笑的触动，也无法在某些章节唏嘘沉思，但至少，我还可以作为“好奇的客人”，就像匆匆走过一月的北京一样，穿过北岛用文字构筑的他的北京。

好了，看完这本书，我关于北京的记忆碎片又多了一些，它们终将离开北岛和书本而进入我的生命记忆。北岛说：“记忆带有选择性、模糊性及排他性，并长期处于冬眠状态。”谁知道各种关于北京的记忆待在大脑皮层的鸿沟里会不会相遇。不要紧，北岛说：“在记忆的迷宫，一条通道引导另一条通道，一扇门开向另一扇门。”

用记忆织一匹布

《我在故宫看大门》

作者：维一

出版社：生活·读书·新知三联书店

书看过就忘怎么办？

但凡闲时读点书的人，心里头都藏着这个问题，翻来覆去，寻不着解决办法。本来嘛，有问题就要问，找不到半斤答案，说不定还能摸回二两经验，不吃亏。可这问题虽说不是隐私，却还真教人不好大张旗鼓地说出来，怕丢人。

我也经常碰到这个问题，但由于不想自曝其短，始终没跟人现场请教过。但在网上，隔着深夜，隔着ID，谁也不见着谁，大家都一茬的平等，现实场合里的尴尬一一免去，这问题也就没有了忌讳。有问有答，主要的解决方案集中在做笔记上，话说这做笔记可是大学问，有康奈尔笔记法，有图书标注法，有电子设备法，还有思维导图法，这些方法我基本都浅尝辄止，坚持不下来。做笔记，是为了把记忆外包，零存整取，很有必要，可终究手续烦琐，还挂一漏万，学术著作还好办，文学作品咋整？

咋整？放弃！

这两字真言，是我今天刚“悟”出来的。马克思爷爷说“开悟”是量变引起质变的结果，而我这量变的积累，就是前两天的阅读。本来，回到老家，面对以前的书架，上面的书一本两本都看过，可拿在手里一翻，嘿，跟新的一样。面对这窘境，我倒也没火急火燎，气血攻心。不记得了，重新看呗。于是，我又看了一遍《城门开》和《青灯》，虽说是重看，但基本上和第一次看没啥区别，该唏嘘的时候唏嘘，该伤神的时候伤神，游戏重打，取经路重走，还是那回事。

其实就像对待死亡一样，知道这是必然，是无法改变的，那么，接受就好了。既然看过就忘，那忘就好了。忘了，像昨天下的雪今天化了，雪虽然化了，可终究化到了地里。来年雪再下，来年雪再化，也没什么目的，一切就是如此应当罢了。

雪化了，今天太阳出来了，我重看了维一的《我在故宫看大门》，想连着前几天的文章一道写写。为什么一道？因为这几本书还真有点联系。《半生为人》的作者徐晓是从前《今天》的编辑，于是，顺藤摸瓜，写到北岛的《城门开》和《青灯》，既然北岛的回忆推荐了，他的同学，维一的这本《我在故宫看大门》也正好在书架上，还能不接着说说？

维一，原名黄其煦。是北岛在北京四中的同学，2011年他们俩和曹一凡还编了一本关于四中，关于“文革”的《暴风雨的记忆》，由香港牛津大学出版社出版，2012年由三联书店推出了简体字版。

维一虽然和北岛是同学，并且都在国外生活多年，但两人的经历颇为不同。北岛是诗人，虽历经动乱年代，并且最后不得不离开国家，但始终以诗人的身份立足。维一的专业则是考古，早年和阿城一起到云南插过队下过乡，还在故宫看了几年的大门。

《我在故宫看大门》正是他对这些经历与生活的回忆。在本书的序言里，维一讲了安特生发现仰韶文化的故事，正是由于仰韶文化的发现，才让我们对三皇五帝的史前史有了具体的记忆。他说，“远古的记忆如此，现代记忆又何尝不是如此？随着时光的流逝，加上人为的扭曲，时间、地点、人物的记忆都会出现残缺、偏差、颠倒以至混乱。但这不应该是忘却记忆甚或抹杀记忆的借口。在如今这个鼓励遗忘、愿意遗忘的年代，对于发掘记忆，坚持记忆的人，我总有一份特别的尊敬”。

坚持记忆，发掘记忆，这是维一对这个遗忘年代的小小抵抗，为此，他还专门成立了一个网站，名唤“二闲堂”，专门发表这些关于近现代历史的个人记忆。虽然目前这网站无法正常访问，但也曾点燃过不少青年的心。

维一不是从头就干的考古，在此之前，他也曾有过童年、少年和青年。童年时代，他和北岛一样，生活在遍地胡同的北京城里，但本书开头第一篇，却从《湖南与上海》讲起。原来，维一虽说基本成长于北京，却是生于上海，祖籍湖南。所以，既然回忆，便索性从回溯家族历史开始，人生卷轴，这才缓缓拉开。

维一的母亲十几岁时，只身跑出长沙，从湘西逃到贵阳，从贵阳逃到重庆，最后遇到他的父亲，共度患难，结婚生子。一家子的历史，都在这跌跌荡荡中走失，走散。《拎在手中的箱子》从家里的一口衣柜讲起，渐渐说到父母的青春年代，以及为什么在北京这么多年，家里始终没有添置家具？原来“父母这辈子的青年时代一大半都是在兵荒马乱的战火中度过的，生活动荡不安，所以习惯了用旅行箱来打点生活的行装，对他们来讲，箱子就是拎在手中的家”。

在那口衣柜买回家之前，所有的衣物都在箱子里存着，每年晒一次，晒完继续放回去，一来没地方放，二来没场合穿。有一次，母亲从箱子底下翻出一件父亲的呢子大衣，母亲花了大力气终于把十多年的樟脑味除去，将已经深深印刻的褶皱熨平，准备让父亲好好穿穿，但父亲却说“要穿也只能星期天晚上穿，要不然白天穿出去，被同事们发现了，下次运动又要检查思想根源、阶级根源”。

穿衣服，吃饭，无事不与政治相关，没有人不被政治卷入。维一小时候钦佩的柳雯姐，出生在瑞典，从小会拉大提琴，回国时聪明伶俐，对艺术悟性极高，深受家长老师喜爱，维一也对她心生欢喜。然而，几年未见，读初中的柳雯姐变了，由于家里成分问题，入不了团成了她心头的烦心事，而琴早是不拉了，不能再沾这资产阶级趣味的东西。柳雯姐一心为党，一心为了共产主义，主动去艰苦的农村插队，为了方便入党她嫁给了当地的村民。几十年后，在柳雯姐父亲的追悼会上，作者与她再见，心想：对面这个头发花白的女人，是否会为当初的义无反顾后悔呢?

当然，也有成功躲过各种运动和劫难的《老章和小章》，他们一家都潇洒而有风度。维一自己到底躲不过，1969年到云南西双版纳的橡胶农场插队，一直到1972年4月借口回家探亲才回到北京。北京的五年，闭门读书，直到1976年户口转回北京，他才开始谋职。当时他26岁，搁现在年轻人这，是最为房子票子操心的时候，但他对工作要求倒简单：“只要工作清闲，得空能让人看看闲书就成。”于是，故宫看大门的活派给了他，在“大学毕业五十六块，学徒工十八块”的环境中，他们警卫队按公安系统规定行事，他竟也拿到二十六块（转正后四十一块五）的工资。

清闲工作两年之后，他考上了中国社科院研究所的研究生，于是，小30岁的维一重新开始了读书生涯，再往后，离现在太近，作者也就没有继续回忆下去了。

除了自家经历的回忆，维一在这本书里也写到了不少人物，比如上面提到的柳雯姐，比如会四国外文隐于市的冯爷，还有张光直、俞伟超、高望之等师友。维一的文字恳切、诚心，读来无不动人。其中唯一有些游戏态度的《扒火车》讲了他和阿城逃火车票去西安的故事，并提供了各种“逃票攻略”，很是好玩。

同是写旧人旧事，做考古的到底和诗人不一样，北岛的文字里经常闪着几道金光闪闪值得专门抄写下来的句子，那是诗人对语言的天赋和敏感。而维一的文字不同于此，它们扎扎实实地排列在一起，咬合紧密，细节丰富，像一匹匹手工精到的布，也许看上去不是丝绸锦缎，但好在结实、平整，适合过日子。

星期三：突然瞎了怎么办？

灰色是一种迷人的颜色，它既不是纯黑，又没有色彩，它让我们体会到黑暗的恐惧，同时给我们离开的通道。在灰色的叙述中，也许能找到世界的本质。

自杀与道德权力游戏

《浮生取义：对华北某县自杀现象的文化解读》
作者：吴飞
出版社：中国人民大学出版社

人会自杀。可是，人为什么会自杀？

在我们的生活经验里，自杀有多种可能，比如，我们听说过学生因不堪学习压力跳楼自杀，听说过脆弱的女子因为情伤割腕自杀，听说过作家艺术家对生命对人类失望选择自杀，也听说过有人因为抑郁症等疾病自杀。自杀是每一个个体的选择，同时也是一种社会现象。

涂尔干在《自杀论》中将自杀分成了利己型、利他型、失范型三类，他假设社会有一个最恰当的状态，自杀在偏离这种状态下发生。在精神医学的发展下，自杀被广泛认为是某种精神错乱导致的。不论是涂尔干的理论，还是精神医学的观点，自杀都是在某种紊乱中发生的，要么是个体的紊乱，要么是社会的紊乱。

如果我们把自杀放到文化环境中来考察，会发现自杀在不同的文化中，具有不同的意义。在西方基督教文化里，自杀是对上帝的背叛，是犯罪。自杀而死不仅无法上天堂，在古代甚至连尸体都要遭到羞辱和惩罚。而在中国文化语境下，自杀拥有某种工具性，自杀者通过自杀表明立场，求得公正。自杀是取得某一目标的途径。

是的，公正，这是中国式自杀中一个鲜明的符号，在精神疾病和社会失范之外，因“寻求正义”而自杀的现象非常普遍。这正是北京大学吴飞教授在《浮生取义》这本书中所要重点讨论和考察的对象。在2000年至2002年间，吴飞教授通过在河北某县各村镇长达18个月的田野调查，访问并整理了201个自杀案例，对中国农村自杀的现象做了专门的研究，用丰富的真实案例为中国农村自杀现象做了文化解读。

整本书讲述了大量生动的自杀案例，比如媳妇受了婆婆的委屈自杀，儿子因父亲的一句话而自杀，父母因为无人赡养自杀……在众多自杀案例背后，吴飞发现，中国农村中的自杀现象，有着非常大的共同点，即许多自杀行为是一种道德权力游戏中的副作用。

所谓道德权力游戏，换个词，叫作家庭政治。在中国文化传统里，宗教相对薄弱，而家庭宗族体系顽强。一个人的一生，就是在完成家庭中的角色转换中度过的。从出生，到成长，到嫁娶，到年老，到寿终，如果没有成家，则不能算作完成了人的价值。而如何才算将个人的价值最大化呢？答案是，过上好日子，让整个家庭人员和睦，有一定的财产积累。

在家庭中，有亲情维系，也有权力分布。争夺权力和话语权就成了家庭政治中的重要组成部分，家庭中的每个人都在玩着道德游戏。什么叫道德游戏？简单来说，就是通过道德积分获得话语权。怎样获得道德积分呢？比如任劳任怨服侍公婆，比如勤勤恳恳孝敬父母，比如发现老公外遇却大度处之，比如长期对妻子的要求百依百顺。家庭成员通过付出和牺牲，让自己获得了道德优势，在日后的生活中获得话语权。

仔细回想自己的生活，其实也有这样的行为，比如小时候住在祖父家，有好几个同龄表兄弟，因为我经常被勒令做家务而自以为获取了道德积分，应该获得更好的对待，然而结果却没有。长此以往，心里觉得委屈。

委屈是很多人自杀的直接原因，在委屈的情绪中，很多人通过自杀来宣告自己长期以来的道德资本，让大家看到自己所受到的委屈和不公。

《浮生取义》中，婆媳之间，夫妻之间，母子父子之间，很多惨烈的喝农药自杀案例都源于家庭政治的结果，特别是在传统家族体系消失，家中权威缺席的情况下，一方面人人都要求人格独立，获得尊重；另一方面却缺乏有力的裁决者。

《浮生取义》不仅让我们走进河北某县的自杀现场，了解农村自杀现象背后的文化因素，更让我们警醒“道德游戏”、“家庭政治”的副作用有多么可怕。当你在不知不觉中玩起“道德游戏”时，请记得以此书为鉴。

呕出深灰色灵魂

《考工记》
作者：周成林
出版社：海豚出版社

文学是人人皆可置喙的领域，其中散文更是“人尽可夫”。若是一本小说看不下去，势必要反躬自问一声：是不是自己没看懂？诗歌更不必说，是文学的顶峰，即使已经没几个人对这山景感兴趣，位置仍是不变的。

散文则是识字就能看能写，没有专门化的技巧加持，是最具“群众基础”的一种文类，也是平庸写作者最集中的一块耕地。近两年来，中国出版的散文作品，要不是已成名的作家旧书新版，要不是专栏作家的合集，虽然也有豆瓣系的作者出书不断，但终究耐看的不多。

以《我的阿勒泰》一炮打响的李娟，好难得吹来了一股遥远的带着雪意而且热闹的清风；野夫先生的忆旧文章，从互联网烧到现实，沉痛而有力量。但除此之外，新人散文作者（主要写散文的作家）实在太少了。

我相信写得好的人一定很多，只是还在大众视野之外，给他们一些时间，我们总会看见的。幸好，我们已经看到了周成林和他的《考工记》。

《考工记》于2012年8月由海豚出版社出版，书不厚，仅有五万字。此书是周成林的第一本著作（他已出版好几本译著），仅凭本书，周就被提名为第11届华语文学传媒大奖年度散文家，虽然最终获奖的是《出梁庄记》的作者梁鸿，但周成林终于被更多人知道了。

《考工记》是周成林的部分散文结集，十篇，篇篇关乎自己，家庭与命运。《乱云》《杀父》写父亲，《残云》写外婆，《晚春》写祖母，《我们要爱母亲》写母亲，《暖灰》写伯父。周成林在文字中梳理他和亲人们的关系，除了母亲，亲人大多已经离世，但他的文字里，少有温情，少有忆旧文章常见的虚假的温馨。他的文字冷静而克制，不疾不徐，一一写下一辈子醉酒不可自拔的父亲，到现在仍不喜欢的外婆，和外婆一样暴躁的母亲，最亲近的、默默忍受一生苦难的祖母，和小时被视作父亲的替代而后与他们一家疏离的伯父。

周成林，生于1966年的成都。父亲从北京的中科院考古所不知为何去到了内蒙古的医药公司，常年在外，常年酗酒。外公曾经在乱时中国投笔从戎，又经商下海，却在20世纪50年代的历次“运动”中屡受冲击，最后被乱棍打死于异乡。外婆满心委屈，脾气越发暴躁，母亲因为这些关系，少年时也曾精神一度失控。二年级下学期，父母离婚，周成林并无怨艾，反而高兴，因为他被判给父亲，以后可以离开坏脾气的母亲而与祖母住在一起。父亲醉酒异乡，切断了脚趾，回家养伤，对周对祖母都是折磨。16岁高中毕业后，周成林没有考上大学，在社会上沉沉浮浮，后来去澳门做劳工，时间流转，亲人一一离去，这些文字终于被写下来。

同是忆旧文章，周成林和野夫截然不同，野夫的人生充满更多冲击，文字间沉痛更深，字里行间的愤怒和力量可以从纸背透出。周成林不是这样，虽然一家子从来没有幸福过，但回首往事，周选择了一种沉静的笔调，就算有再多的委屈和怨气都要抽离。一笔一画，细细描绘的只不过是这样一种人生，这样一种家庭。周的文字，不做作，不高深，平平整整，安安静静，流动在记忆里的有着深深的绝望和沮丧，但这些情感在文字中是压伏着的，你看不见，不会潸然泪下或者满心激动，但它的沉着如阴云黑暗，压城而来，闷闷的，推窗望去，是一种别样的壮阔。

周写亲人，有些地方，甚至有种堪比张爱玲的无情。《杀父》整篇文章即多次写到想要父亲死掉，甚至差点儿亲手杀死他，写下这些他毫不避讳。

写母亲也是一样，“我终于大怒，煽她一记耳光：她的脸很敦实，我的手掌烧乎乎的。或许报应就是这种滋味，她有她的，我有我的”。

在写外婆的那篇文章结尾，第一句仍然是硬邦邦：我现在仍然不喜欢外婆。

周和很多作者不一样的地方在于，他写的人自己不一定喜欢，像另外一篇《冷冰冰》，他剖析别人和自己毫不留情，刀刀见血，冷静和黑暗。

整体来看，写亲人的这一组文章更好看，更深沉，而与书名同名文章《考工记》和写2008年在成都遭遇地震的《微观生死》，多少缺了点东西。或许作者与编辑也知道，所以将这几篇放到了最后，于是我们一打开来看到的，就是周成林呕出的灵魂。

突然瞎了怎么办？

《失明症漫记》
作者：[葡]若泽·萨拉马戈
译者：范维信
出版社：南海出版公司

周云蓬有一首歌，叫《你突然瞎了怎么办》，没有旋律，没有吟唱，它更像一次随机采访，一个机器人式的声音问：你突然瞎了该怎么办？有人回答，我要去跳楼。有人回答，我要去杀死我一生中最仇恨的人。有人回答，我要把所有的钱散给乞丐，然后自己去沿街乞讨。有人回答，我吃饭睡觉一如既往地生活。有人回答，我下午抱着收音机在门口晒太阳。有人回答，我一个人在黑暗中默默了此一生。

如果你突然瞎了，你该怎么办？

我闭上眼睛想象这一切，如果我瞎了，我可能会自杀，可能会自暴自弃，我不会仇恨世界，但肯定会变得自闭，也许心生怨恨变得难以相处。一个问题不足以改变任何事情，只是让你多了一次思考，也许从这思考中你可以发现更多更深的自己。

如果你突然瞎了，这是一个问题；如果整个世界的人都瞎了，是另一个问题。提出第一个问题，是一种时刻反省生活的能力，提出后一个问题，则需要深刻的思考，以及卓越的想象力。曾获得诺贝尔文学奖的葡萄牙语作家若泽·萨拉马戈在《失明症漫记》里，提出了后一个问题。

故事是这样开始的。一条马路上，一辆辆汽车等待交通指示灯的转变，终于绿灯亮了，但有一辆车迟迟不动，开车的司机宣布，他的眼前一片白色，他突然失明了。他被好心人送回家里，妻子陪同他去看医生。接着事情就像多米诺骨牌一样发生，送他回家的人在路上失明了，为他看病的医生失明了，来找医生看病的老人失明了，越来越多的人失明了……

接着，失明的人们被带到一个废弃的精神病院，隔离。像防范任何传染性疾病一样，隔离总是最先想到的办法。士兵们用武器把守着大门，每天都有人被关进来，社会秩序正在大门内悄悄崩溃。首先是生活尊严的丧失，当你不能干净地上厕所，没有食物，不能洗澡，没有自由，人就开始渐渐成了动物。然后是末日的降临，一伙盲人弄到了枪，他们夺取食物，向其他人索取钱财，钱财抢完了，则让所有的女人去满足他们的性欲。

死亡轻而易举地发生，人们彻底丧失了规范，一切都变得混乱而原始。和很多末日小说所讨论的一样，当社会崩溃，资源匮乏，一切都陷入泥沼之时，人性的阴暗面，那些肮脏的念头都会源源不断地冒出来，人间变成了地狱。在这样的境遇里，活下来是当务之急，但更重要的是如何不丧失作为人的尊严活下去，电影《末日危途》所提出的就是这样一个难题。《失明症漫记》中，医生、医生妻子、戴墨镜的女人等一群人所做的，正是努力尝试这一可能。

小说的最后，人们渐渐复明了，但我们以及书中的人物都不知道，这一场瘟疫是怎样诞生，又是怎样离去的。对作者来说，这不重要，重要的是提出这一问题，并对这一问题所带来的可能性进行思考。这就像是周云蓬的那首歌，也像禅宗里的当头棒喝，如果全世界都失明了，文明会堕落至何种境地？甚至，换一个角度，有没有可能，我们已经“失明”了而不自知？

在这里，你可以对“失明”进行隐喻性的思考，也可以只把它当作和“生化危机”一样的突发事件。我们走进萨拉马戈创造的世界，体会他无与伦比的想象力，以及通过这一个故事，这一个问题，让我们更多更深地了解自己（人类）。

话说到这里，相信你已经对本书产生了兴趣，但还有一些话必须要说完，那就是萨拉马戈令人着迷的文学风格。

2008年以萨拉马戈《失明症漫记》改编的电影《盲流感》上映，反响一般。很重要的一个原因是，电影无法还原除故事之外的另一部分的《失明症漫记》，只属于文字而没有画面的《失明症漫记》。

在《失明症漫记》中，没有一个人有名字，所有主人公都被称为“医生”“第一个失明的人”“偷车的人”“戴墨镜的女人”等诸如此类的代词。另一个显著的特点是，书中只有三种标点：逗号、句号和分号（分号是译者为区分对话而加上的）。所有的对话都顺流而下，没有分行，没有引号，句子也颇长，但并不难读。因为作者所用词语都很生活化，并且由于取消了名字和多余的标点，读者能够更沉浸到文字中去，像在夜晚的河里游泳——一次神秘而酣畅淋漓的阅读。

看见更复杂的现时中国

《弄潮儿》
作者：查建英
出版社：天地图书

来深圳两年，最近才终于去得一次香港，逛逛走走做个游客之外，还购得查建英的中文版新书《弄潮儿》。此前有朋友去台湾游玩，曾托他寻购，却未觅得，想来是我自己糊涂，以为繁体字的书香港台湾应该都有的，真是笨极了。

想读此书，是因为去年曾在网上看过书里的一篇文章，叫作《国家的仆人》，写的是文化部前部长，著名作家王蒙。王蒙1934年生于北京，年轻时参加地下党，投身革命，新中国成立后被派到共青团某区工作，爱好文学的他在1956年以中篇小说《组织部来了个年轻人》轰动文坛。小说的主人公颇有王蒙自己的影子，故事讲述了满怀理想的年轻干部和一些高级干部之间的冲突，以及革命的激情中混杂着的情窦初开的浪漫。

这篇小说立即受到了不少批评，毕竟小说的灰色调子以及描写党内的干部问题在那个年代很不寻常，但毛泽东却表态支持王蒙，毛说，“反官僚主义我都支持”。随后而来的就是“大鸣大放”和“反右运动”，王蒙在所难免被带到北京郊外的一个山区，在那里生活了四年。后来，在更大的灾难文化大革命来临前夕，王蒙主动申请调往新疆维吾尔自治区最偏远的西部地区，躲过了浩劫十年。但他也像被放逐一般被遗忘在了遥远边陲，十六年后，才回到北京。

回到北京不久，王蒙成为专业作家，并扶摇直上，官至文化部部长，那是80年代。1989年，在那场运动之后，王蒙卸任，专心写作。现在走在书店里你经常可以看到他写的有关老子、庄子的书，他还经常出现在电视屏幕上，前阵子我还在《锵锵三人行》里看到他和查建英聊着最近热播的电视剧《北平无战事》，回忆起青春时期做地下党的日子。

以上这些，都是从查的文章中得知，在此之前，我除了知道王蒙曾经是文化部部长，写过一些我们这代人阅读不多的小说之外，就是他在电视屏幕上的样子了：浓重的鼻音，说起话来的手势和积极乐观的生活态度。如果不是查的这篇文章，我会不知道这位坐在窦文涛旁边的老作家，曾经在中国的社会进程中处于什么位置，他的复杂人生经历与中国一路走来的过去，有什么样的牵连。

王蒙曾经处于时代的中央，正是这本书题目所说的“弄潮儿”。“弄潮儿”这个词最早指的是钱塘江上执旗泅水与潮相搏的少年，在这本书的扉页，查建英引用了这个词的词源，北宋诗人潘阆的诗句，“弄潮儿向涛头立，手把红旗旗不湿”。除此之外，还引用了莎士比亚的一段话，以及奥利佛·文戴尔·小侯姆斯在1884年《阵亡将士纪念日致词》：“既然生活就是行动和激情，那么它就要求一个人应当参与他生于其中的那个时代的行动，分享那个时代的激情。否则，他将冒着被认为不曾生活过的危险。”

后面这句话，更能表达查建英这本书所切入的视角，他选择了六个曾经或现在热切参与中国社会生活中的人物，来捕捉和诠释当代中国的样貌，它的复杂性。整本书分为两个部分：“知识人”和“企业家”。分别写了王蒙，查建英的哥哥——曾因组党而被判刑9年的查建国，2003年以张维迎教授为中心的北大改革，以及企业家张大中，潘石屹和他的妻子张欣，查的朋友——积极投入生活的孙立哲。这些人物恰好可以代表中国70、80年代和90年代以来两个时期的重要社会议题：政治改革和市场经济。

查建英并没有扔出什么观点，以此总结几十年走过的中国到底发生了什么，没有张牙舞爪地试图解读中国，而是通过几个人的经历，来拼贴显影出过去这几十年中国的巨大变化在每个人身上留下的痕迹。她抓住了难言的现时中国的复杂性，抓住了一个时代的侧影。

非虚构类书籍就应该有这样的作用，记录时代，并且让读者通过阅读，关注现在并思考过去和未来，将个人从当下的生活中拉出，进入一个更开阔的场域，看见更复杂更真实的中国。

那些忧伤的打工者

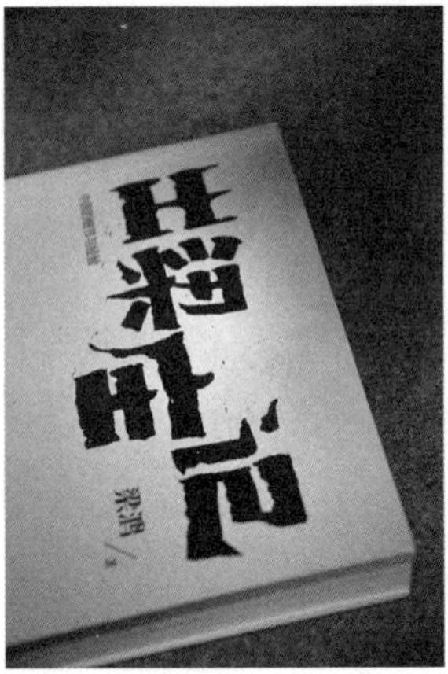

《出梁庄记》

作者：梁鸿

出版社：花城出版社

一

小时候，我经常听外婆和邻居奶奶们在樟树下端着饭碗谈天，内容包括谁家娶了媳妇，谁家的儿子在哪哪打工赚到了钱，谁家的儿子在哪哪打工，没赚到钱。

这些谈话简直是我的启蒙教育，我在这里听到了山中走路不能呼喊对方名字的规则，也了解了河边的水鬼传说，知道好好学习才能出人头地，也熟悉了打工这个词和这个词语的真实含义。

“打工”在80年代随着改革开放的推进而逐步流行，在此之前，我们把工作叫作工作，最日常的称呼是“上班”。“打工”与“上班”都是拿人薪水，替人工作，但“上班”这两字有着一种天然的稳定感，早出晚归，一日接着一日，不会停止。打工则暗示着流动，一般指向那些背井离乡寻找工作的人，他们走到陌生的城市，打拼，换取金钱，养家糊口。工作随时可能消失，家永远留在远方，打工者多是漂泊的状态。

而这种漂泊状态随着经济发展向城市倾斜，已经成为一种常态。我们身处其中，要么本身便是个离乡的打工者，要么认识这样的人，他们是你的朋友和亲人，你的同事。

“打工者”活得怎么样？你活得怎么样？《出梁庄记》试图回答这个问题。

《出梁庄记》是梁鸿关于梁庄——她的故乡——的第二本书。2010年出版的《中国在梁庄》主要讲述了梁庄的现实困境，描绘了留守在梁庄的梁庄人的故事。而《出梁庄记》则力图捕捉离开的那些人，他们的足迹和生活。作者在序中说道，"'梁庄'生命群体的另外重要的一部分——分布在中国各个城市的打工者，'进城农民'还没有被书写，他们是梁庄隐形的'在场者'"，"只有把这群出门在外的'梁庄人'的生活状态写出来，'梁庄'才是完整的'梁庄'"。

正如《中国在梁庄》的书名所揭示的那样，梁庄与中国的关系是那样紧密，梁庄的农民就是整个中国的农民，梁庄的打工者也是整个中国打工者的缩影。

二

作者花了两年时间，四处寻访那些在外打工的梁庄人，他们的足迹遍布全国，梁鸿在本书中着重进入了八个地方：西安、南阳、内蒙古、北京、郑州、青岛、深圳和福建。

西安

处于同一个城市的梁庄人大多干着同一种活，他们往往是由亲戚朋友一个个带出来，当地人把这种现象叫作“扯秧子”，一扯就是一把。

聚居在西安的梁庄人，大多从事“拉三轮”。拉三轮是个苦力活，然而苦的并不仅仅是劳累，而是处处的不公平，不受尊重。他们经常被城管扣车，罚款，而且罚得不明不白，不清不楚。这后面有着一条清晰利益链，城管罚车，中间人谈价钱，拉车人花钱赎车，中间人与城管分钱。为此，他们抱团，不惜动用暴力，打架是常态，一个有事，一呼百应。但只要事不关己，不与他们的集体利益相关，热情就顿时烟消云散。他们对自己之外的世界是冷漠的，谈到作假，他们不会有道德亏欠，因为不作假不行，赚不了钱，而且人人如此。

作者对此说道：“他们作假、偷窃、吵架，他们肮脏、贫穷、无赖，他们做最没有尊严的事情，他们愿意出卖身体，只要能得到一些钱。他们顶着这一‘羞耻’的名头走出去，因为只有借助着羞耻，他们才能活下去。”

南阳

相对于西安，南阳是一个小城市，但这里也有关于梁庄的神话，这神话全部来自于一个人：贤生。他是梁庄走出去并且到城市定居的第一人，是开车回乡省亲的第一人，是把一大家子一个个全部接出去的第一人，是所有梁庄人对于外部世界与梁庄发生关系的美好渴望。

但经过梁鸿的走访，神话破灭了。贤生一家过得并没有外人传言的那样好，反而可以用糟糕来形容。反倒是韩小海，另一个梁庄神话，真正赚到钱了，他通过传销获得了原始积累。

谈到传销，这个曾一度风靡全国的活动，很多家庭都有相关的回忆。作者说“在这样一个越来越难以通过努力成为人上人的社会里，传销为普通民众获得金钱、权力和尊重提供了一个很有诱惑力的通道。他可以迅速摆脱因为贫穷而带来的自卑、不安全感和身份缺失”。

美国汉学家孔飞力在《叫魂：1768年中国妖术大恐慌》中写道：商业与制造业的发展使得处于巨大压力下的农村家庭可以继续生存下去，但要做到这一点，就必须最大限度地投入每个人的劳力。从历史的眼光看，当时经济的生气勃勃给我留下了深刻印象。但对于生活在那个时代的人来说，活生生的现实则是这种在难以预料的环境中为生存所作的挣扎奋斗。

这说的乾隆时代，但放在现在，是不是也很合适？

北京和深圳

在前面几章里梁鸿所接触的大多是从事体力劳动的梁庄人，但在北京和深圳，也有很多做着体面工作的梁庄“80后”，他们过得如何？

正林在北京某装饰公司工作，月薪五六千，白天做着体面的工作，飞机飞来飞去，住高档酒店，但晚上却是“蜗居在城中村中的小破房”里。他过着一种割裂的生活，这种生活在很多受过高等教育并留在城市工作的年轻人身上上演。

深圳的梁磊和正林的情况差不多，重点大学毕业，但在城市中没有归宿，仍然住在城中村。他自述“干农民的活，你干不了；往高的，你也干不了，像我们这种人，是吊在半空中的，上不去，机会很少，下不来，不愿放下身段”。

三

《出梁庄记》主要人物有52个，每个人都有自己的故事，每个人都是活生生的与我们息息相关的人，他们的故事，也就是我们的故事。他们之中有拉三轮出苦力的，也有摆小摊做生意的，有白领、精英，有算命者，有老板，他们生活在全国各地，但却有一个共同的牵挂，那就是梁庄，每当梁鸿问道他们是否会回去时，大部分人都选择了会，会回去，但不是现在。

农民进入城市，但并未被城市接纳，甚至他们自己也并不想留在城市，他们是互相排斥的，但却不得不在一起。就像那些城市中的城中村，一方面本地人靠外来打工者的租房过活，另一方面又痛恨他们对本地生活的破坏，人人皆处于矛盾之中，无处可逃。

整本书，写的是媒体报道中常常出现的主题：农民工受歧视、户籍问题、城乡二元化对立、留守儿童问题、富士康、污染问题。几乎所有梁鸿所描写的故事都曾在电视或网络上出现过，但从未出现得这样具体和细微，没有以一种如此贴近的状态呈现过。

《寻路中国》里，何伟通过旅行和文字描绘了他所看到的，我们熟视无睹的中国。他从外部窥探，火眼金睛。而《出梁庄记》是从内里审视。这种审视里，没有过多的责备和批判，但这样伤疤式的展现，让一个个有血有肉的打工者自己站出来，即使最后的画面模糊、晦暗、不斩钉截铁，但自有一股沉沉的力量。

惊恐记忆中的日常细节

《1966年》
作者：王小妮
出版社：东方出版社

《1966年》是诗人王小妮最新出版的小说集，如题所示，写的是1966年的故事。1966年，你我都知道的，是“文革”开始的那一年。关于“文革”的书写其实不少，但很少有具体而微的细节描述，不是分析功过，就是批判式论文，或者感情丰富如涛如浪的控诉。

冯骥才写过一本《一百个人的十年》，采访了100个普通人，把他们在“文革”中的故事记录下来。王小妮的《1966年》在某种程度上，也是对1966年的记录与回望。但与《一百个人的十年》不同的是，这里不是非虚构的采访记录，而是小说，是作者的虚拟现场，11个故事，11种环境、家庭、人物，她通过文学进入历史，让我们得以穿越时光，获知那些“普通人的感受”。

小说多是以少年视角切入。《两个姑娘进城看电影》的主角是一对年轻乡下女孩，青春、虚荣、单纯、可爱。她们都是镇上供销社的女职员，一个卖盐，一个卖脂粉，这一天，她们约好去城里看电影，卖脂粉的女孩是和城里亲戚一起看过的，卖盐的女孩是第一次进城。她们满怀期待地骑着自行车如马飞奔地进入城市，却莫名其妙撞了一鼻子灰，电影院不开了，街上都是半大小子闹革命，还把她们的美丽的辫子给剪了。一天来回，对于这两个女孩来说，电影没有看成就是当时她们最大的委屈的苦恼，她们还不知道，大事正在发生，正在改变所有人的命运。

《结巴》写的是一个小男孩，他是结巴，像所有的小男孩一样，他需要认同感和朋友圈，但是由于结巴，他被孤立。小伙伴们都在宣传毛泽东思想，而他不行，他躲在家里悄悄地把毛主席语录背下来，背得滚瓜烂熟，但被推举到人堆中，还是说不出来话，只好“溜了”。《在烟囱上》写的也是一个小孩，他整个夏天都被妈妈反锁在家里，妈妈的头发剃得短短的，还戴着男式帽子。他们家是开小人书店的，妈妈让他把所有书都烧了，他照办，但是把书皮留了下来，还有他在床底下发现的妈妈偷偷藏起来的邮票。他把它们一起藏在了烟囱上，他不知道妈妈说的“那些邮票被人发现是要砍掉脑袋”是什么意思。

所有的故事都是以这样的结构来呈现那一年，鲜有直接描写运动的中心：那些激烈的斗争，那些苦大仇深，以及可以激起人们愤怒和伤痛的折磨、暴力。如果王小妮是电影导演，她的镜头会从热闹的重心偏离，对准运动外围的普通人，经由他们普通生活中的变化，他们的感受，来重绘1966年的真实图景。

正如王小妮在前言里说的，她想要把1966当作一个普通年份来写。“任何个人，对于下一秒钟他将面对什么，都茫然不知”，“各种感受掺杂在一起，有人快乐，有人惊恐”，加在一起，才是真实的1966 ，不被夸大，不被意识形态刻意改写的1966。

这11段故事，是那一年里一座北方城市中最普通人们的生活细节，充满了1966年特有的气味、声响、色彩和不同人的心理。他们都在大时代中，但还好，大时代没有吞没他们，只是生活有了一些改变。

《普希金在锅炉里》以一个小女孩的视角来写那些她不懂得的东西，普希金为什么要被烧掉？那个烧锅炉的叔叔为什么不再来？她不懂得，但是，她知道，有一些事情发生了，一些东西不一样了。《钻出白菜窖的人》写一个中年男人在家中准备把冬天的大白菜存入地窖，但是两个外调的人闯入了他的家，拿出了他读小学时的合照，问他关于日文老师的问题，使他陷入回忆。两个外调的人走了，余他一人对着满院子的白菜，天都黑了，白菜还没入地窖。

所有故事中的人物都活在1966，他们不会以我们的视角去重新审视，去发现“文革”的种种荒谬和荒诞，他们直接面对的是生活本身。如何储存好白菜过冬，如何打入别的男孩的圈子，如何悄悄喜欢上了来家里烧锅炉的叔叔，如何想要去城里看一场电影。

普通人不懂政治，更别说小孩，他们活在1966和活在任何其他年份一样，一样的生活，一样的把生命往下过。但是我们知道，我们知道那一年发生了什么，所以看这些小说，会看到被王小妮刻意淡化的背景，看到这种背景下小说中人物面对大历史的细节处理。这种日常，才是真实的，区别于历史书写的历史，才是我们更需要知道和了解的故事，也更接近于大历史叙述缝隙中的真相，这或许正是小说比纪实更具穿透力的地方。

走入宏大叙事之外的尘世人间

《身边的江湖》

作者：野夫

出版社：广东人民出版社

野夫的散文在当今的中文写作里，只此一家，绝无分店。他不是知识性的散文书写，像缪哲，像刀尔登，也不是家国天下的文化大散文如余秋雨，不是车前子那样鱼米江南文人气味，也不是王安忆、贾平凹这些小说家的余兴项目，当然，他更不会像李娟吹起清新幽默之风，也不可能像安妮宝贝陷溺在个人网牢之中。

与他的书写气质相近的，有周成林的《考工记》，写人，写亲人，悲哀有痛，楚楚在目，一行行字读来如冬天的风；有章诒和的《往事并不如烟》，写那些被各种运动卷入而终于身坠于此的已逝者，那些淹没在历史尘埃里的细节；还有张大春的《聆听父亲》，追溯家族历史，一条条血脉上拴着的是一个个故事……甚至北岛、高尔泰，他们的散文与野夫也有不少相通之处，总体来说，他们所书写的对象不在现在，而在过去；不在自己，而在他人；不在日常生活，而在江湖故事。他们的文风、语言、内容，一概不同，然而有一种怀旧的情怀笼罩着所有，有一种忧伤从这些文字一出生就跟随不去。

他们共同用文字在文学的世界里招魂，将现实中国繁华的包装扯开，将我们一路领进宏大叙事之外的尘世人间，直面那些历史鸿沟缝隙中的故事，那些与我们血脉相通的人物。

然而就算在这一众的写作者当中，野夫仍是不同的。

正如他自己所说，他的这些散文，是拍剑东来还旧仇，可不是什么普通的忆旧文章，而是“报仇”。文人小资情调闪一边去，这里要书写的是家族历史，是血淋淋的故事，是被冤枉被抹去的尊严，是被遗弃搁置的价值，是不公不义，不仁不敬，他的文字里呼啸而至的除了故事——那些民间传说似的离奇故事——还有作为故事亲历者的声声愤怒。

这是他半辈子的经历，半辈子的激愤，不能被复制，也不能被消除，只有通过文字书写，安顿，打捞，抚慰。以遗留者的身份，向亲人、故人、友人，一一相认。他的散文无人能学，因为他的文章就是他的人，那些故事那些相遇那些人物都是沧桑浮生的回望。

这是用生命在书写，写完就没有了。

这种散文写作是非常耗元气的，所以，虽然对于本书的后半部分重复收录以往文章以及新增游记的部分颇有微词，我仍然要说这是本值得一看的书，特别是开头的几篇，写往年同住囚室的“黎爷”，乱世游击的表哥，以及那个最令人心痛的踏上死刑之路的青春小伙。

文字的一大功用便是记录与传承，这些故事，不写，也就没了。没了，我们或许就无法想象也许曾经有过的，或许现在还存在，只是我们无法触摸看到的，与国家体制法律制度平行而在的——江湖。

阿乙的夏天

《春天在哪里》

作者：阿乙

出版社：中国华侨出版社

正如第一本短篇小说集《灰故事》所预示的，阿乙所有小说都是灰色的。

从《灰故事》崭露头角，到《鸟，看见我了》技惊四座，再到《下面，我该干些什么》尝试长篇创作而陷入泥潭，然后到这一本《春天在哪里》。阿乙在小说的原野里突围前进，有占下山头的时候，也有茫然四顾不知前路的时候，但重要的是，他一直在写，并且没有停下来的意思。

他是把小说作为命运来面对的，他一直在各种文本里吐露困境，现实生活的压力，长篇小说的无法驾驭。他毫不避讳地坦言自己的失败，并且“总是在这注定失败的事业中，感觉自己是英雄”，他是真正的献身小说的人。

阿乙和很多“70后”作家一样，既没有赶上20世纪80年代的文学热潮，也没有享受文学商业化浪潮的甜头，他们被弃置在中间，默默生长。他们不是学院派，也不是苦吟者，从绿妖做的《最读书》电台节目中我们可以听到，“70后”作家们在漫长的沉寂期做过很多和作家八竿子打不着的职业，韩松落曾经在养路队待过，阿乙则做过很长一段时间的体育编辑，而在这之前，在还没有去北京之前的日子里，他是一名警察。虽然每一个作家也许都有自己的史前史，但阿乙作为警察的经历在他的写作中显得尤为重要。

他总是在写案件。那些发生在县城、小镇上的，有着浓重的《法制日报》色彩的案件。他钻到案件中间去，或者从天空俯视下来，缓慢地看着案件的发生，不评述，不激愤，只是看着、描述，把人性中最灰暗的地方搅得七零八落给你看。并且，他的小说有很强的宿命感，一种必须走向悲剧的倾斜感，从第一句话，你就可以感觉到。

比如这本小说集的第一篇《阁楼》，他是这么开头的：十年来，朱丹接了母亲无数个无用的电话，唯一一次拒绝的，是一次可以避免自己死亡的报信。

比如《杨村的一则诅咒》，他是这么开头的：一只虫子贴地飞行，在这个世界莫名失踪，一只鸡跟着失踪。

比如《正义晚餐》，他是这么开头的：吕伟朝西走的时候，彭磊在朝东走。他们交会的时候，想的是同一个女人。

我们就从这三篇小说，走近些看看阿乙。《阁楼》讲述的是一个真实发生的案件，一个女人在结婚前夕与前男友争执而将他杀死分尸，藏在自家的阁楼十几年，最后终于被发现。《杨村的一则诅咒》讲的是杨村的一对邻居因为一只鸡的丢失而起了口角，她们在雨中争吵，破口大骂，赌咒，如果事实不是像自己说的那样，就让自己的儿子不得好死。吵架的第二天，走丢的那一只鸡湿漉漉地回来了。除夕，这一家的儿子回到家里，死于尘肺病。《正义晚餐》讲的则是大家常见的题材——捉奸。吕伟捉奸成功后，命令妻子和妻子的小男友在自己面前做爱。

这三篇小说里，都有人死亡。在阿乙的小说里，死亡是常备品。与死亡一样常见的是他小说中无处不在的灰色，这些灰色附着在封闭空间里，小镇，村庄，一个家庭。而与此对应的，故事中的人物往往感到无聊。很多时候，并没有谁在做决定，而是有一只命运之手操作着他们，一步步踏向毁灭。

阿乙不厌其烦地描述着小镇上的奇闻怪案，挖掘普通生活中的阴暗深渊，某些时候，你能读出和苏童、毕飞宇相似的味道。但是苏童是潮湿的，毕飞宇是干燥的，而阿乙的故事则像夏天的阳光所遗漏掉的，挂在某处已经破败房屋梁架上的蜘蛛网，明明是夏天，但这里发冷，层层叠叠，分明有可循的足迹。

能够搭建起这一座座挂着蜘蛛网的屋子的是阿乙的文字。不得不说，阿乙的文字感极好。什么是文字感？这只是我胡诌的一个词，说白了就是他总是能写出特别漂亮的句子。他的句子是碎的，每一个句子都有豁口，一句连着一句却牢牢咬合，形成强大的张力。他总能写出让人拍手叫绝的比喻，但有时候，这些句子会喧宾夺主，抢了小说本身的风头。

还有一点，他的开头比结尾好，故事刚开始时，有力而饱满，但行文过半，元气就开始涣散，很多时候是草草收尾，不免遗憾。他才气逼人，可有时候自己也架不住这才气，反被才气所累。他在这本书的前言中说，“小说带给我的磨难与难堪越来越多。因为到今天我还没有征服它，没有扭住它的角，让它双膝着地”。

阿乙确实遇到困境了，《灰故事》好看，但若是一而再再而三地上演，不止他自己，观众也会疲惫。在这本小说集中，质量非常不平均，除了上面提到的三篇，剩下的六篇都不能说很好，特别是《发光的小红》，完全立不起来。

虽然这不是阿乙最好的小说，但我仍然要看它，他的小说里有一种真，一种来自底层的变了形的真。我希望更多地看到它们，希望阿乙的春天就在下一本书里，而我也将一同前往。

星期四：有些好书，会是作者比书好

作者与书，从来不是割裂的。我们会因为一本书爱上一个作者，也会因为一个作者去读他的所有书，当我们把目光放置在作者身上时，他的文字便与他融为一体。

有些好书，会是作者比书好

《有所思，乃在大海南》

作者：朱天文

出版社：上海译文出版社

我曾在读《淡江记》时说，看这本书首先受震动的地方，是朱天文毫不掩饰的雄心，而且说得坦坦荡荡、光明磊落，像是真要文学一统，天上地下都是她的光芒。而朱天文的文字，像是没被污染过的声音，天真烂漫，满口大话，可是心诚意切，读来反会感动。她好像会变魔法一样，把汉字组合成我从来没有见过的样子，简直是另一种中文，而她一派天真坦诚把身边所有的细细小事，小心情，一并不作回避地写出来，那种细腻，是在俗世里待久了的人很难再感受的。

现在，看完《有所思，乃在大海南》，并没有多少新的话要说，仍是看得喜欢。爱看散文，因为它不正式，不承载多少伟大思想、跌宕故事，像一场下午的谈天，断断续续，闲散自然。在散文里作者自觉或不自觉都要透露出生活中的他怎样行事，有什么爱好，在什么地方生气，又在何时惆怅，他所遇见的人与事，是怎样的状态，而这些人与事又怎样参与进他的人生。

这是私人化的域场，是最贴近生活本身的状态，是人人都可亲近的文体。这是自恋的，也是平等的。它不要求你有多少深厚的知识，也不强求你有怎样离奇的经历，你可以写得很琐碎，很细致，也可以写得结构完整，滴水不漏，每一个人，即使写不好一篇小说，但都可以提笔去写一篇散文。

朋友随手翻了几页，说不喜欢，因为没有什么思想。是啊，没有什么思想，可这正是我最中意的地方，要思想自有成百上千上万的论文专著可以去看，何必为难散文呢？

散文真正的好处，是在于它抓住时间，那些放在记忆里会被吹散熄灭的故事、情绪，被文字定格下来，从时间的河流中提取保存，脱离控制，对自己是一种满足和交代，对他人，更是一处别样的风景。人与人，生活与生活，相同又不相同，散文提供了这些微妙的差别，并且永无止境地持续下去。

朱天文说："生活当中，不知有多少这样一刻，想留留不住，像京戏里紧鼓密锣碰锵一停、亮相，像抽刀断水——水更流。我非常悲哀地发现，稍纵即逝，除了提笔，几乎没有任何方式可以留住。若有所谓写作动机，或者我为的就是这个。"

在这本书之前，还看了朱天心的《击壤歌》，17岁的高中少女穿过三十年的时间絮絮烦烦的小情绪小故事，却读得津津有味。他们这一家子的作家，人人都写得好，而天文与天心，有一点是极像的，就是对世界热烈的喜爱，并由此生出的满满的又不需要实际内容的志气。还有她们的干净。至于文字运用上的技艺和天才，就不必多说了。

"有些好的书，会是作者比书好"，这话是不错的。

重读木心：一个在黑暗中大雪纷飞的人

一

20世纪80年代，新中国出现了第一次留学移民浪潮。改革开放刚刚开始，大批青年走出国门，或者为知识，或者为金钱，或者为自由，他们有的镀金而归，有的头也不回。有一位54岁的中年人也在人潮中走了出去，他曾是杭州绘画研究社社长，交通大学美学理论教授。他的生命已走过半程，但离开这件事情与年龄并无关系。

那一定是个薄云天，太阳热烈地照在飞机上，他沉静地坐着，也许会读书，也许会铺展本子写作，也许他会看窗外的天空。也许，他会回首半生往事，那些年少的激昂，青年的困顿，一日一日的压抑和小心，孤独和沮丧。也许，他会眺想未来，在美国，在纽约，在那些陌生洋人间生活，在那片自由之地上呼吸。

他叫孙璞，出生于1927年的乌镇，家境殷实，父亲是当地富商。优越的家境使他能够从小接受良好的中国古典教育，同时他还有一个作家舅舅茅盾，大量的外国新书自是照看不误。就这样他长成少年，抗日战争爆发，战火弥漫。他不顾家人反对，攻读上海美专，做了林风眠的学生，1948年毕业，任教于浦东高桥中学。同年，曾热衷于学生运动的孙璞短暂投入新四军，在军队里从事宣传工作，绘制马克思、毛泽东与朱德等巨幅画像，后因此事被当时的上海市市长吴国桢亲自下令开除学籍，又被国民党通缉，于是避走台湾。1949年新中国成立之前，回到大陆。

然后就是新中国成立了，然后你就知道了，之后的日子对一个以画画与写作为志业的人，将是一番怎样的情景。1956年，孙璞因涉嫌“里通外国”被捕关押在上海思南路的第二看守所半年。经审查，无罪释放。但就在这段时间里，母亲去世。1966年，“文革”爆发，孙璞被监禁关押，期间有一次他偷偷逃了出来，但想想没有地方可去，又潜了回去。如果那是一个夜晚，肯定有很多星星睁着忧郁的眼睛。

他写作，并且劫数难逃。他的数箱画作、文稿、藏书均在“文革”中被抄走。全家人被日夜监视，姐姐被批斗身亡，姐夫被关在学校的“牛棚”中，一个侄子在学校被五花大绑批斗。没有人知道那些日子里他是怎么度过的，即使日后成名，他也很少写到这一段故事。他会写小时候，写各路先哲先贤，写上海，但对那一段最黑暗的往事，他用纷纷雪花，轻盈地覆盖了。

然后，飞机抵达彼岸，就是纽约了。他的书写在这里找到了新的土壤，文章在欧、美、港、台的华文刊物大量发表，散文、诗歌、小说、格言，一篇篇写，一本本结集，绘画的成就不谈，仅写作一项，就已经在20世纪80年代的台湾引起讨论，没有人知道这个人来自何方，为什么写得一手好文章，而从前闻所未闻？

这情形就像2006年的大陆，出版社出版了他的一本散文集，引起大量评价。然而即使在众多纷纭言论之下，还是无人知道他们谈论的这本作品，这位作家，到底是谁。当然，现在，我们都知道，他叫作木心。

二

提起木心，很多人会想起《文学回忆录》，这本书源于陈丹青20世纪90年代在纽约听木心讲文学史的笔记，厚厚五大本，落成书，皇皇五十万字。在这本书里，我们会看见骄傲又可爱，博学同时刻薄的老头，但是，这不是木心真正的作品。在这里，我们无法看到他作为一个作者真正的好，因为那些好只存在于他一字一字写成的文章里。

木心写诗也写散文和小说，其中以散文成就最高。其文字因前承五四传统又满怀国际视野而别具一格，甫一出版，便成为讨论的焦点，有人认为其格调高、文字美，是现有华文创作中的异端和最高水准，也有人对他不屑一顾置若罔闻。

读木心，多少得用点心。虽然一首《从前慢》已经被装饰在各种需要文艺气息的场合，或真或假地被朗读和传阅，但倘若你真的翻开那一本本并不厚的册子，会发现，仅生字这一项就过不了关。他那些不知道从哪里摘取的古老汉字混合在平常句子中，让你不得不注意，不得不放低姿态，不得不安静下来、慢下来。

阅读木心，不要从《诗经演》开始，不要从《我纷纷的情欲》开始，不要从《素履之往》开始，这些书，要么深奥难懂，要么碎片如云，抓不住，读不透，让人徒生郁闷。读木心，第一本，可以选择《爱默生家的恶客》，或者这一本《哥伦比亚的倒影》。

《哥伦比亚的倒影》同名文章一“逗”到底，几页纸翻下来，只有最后一个句号。这是木心的意识流。是孔雀开屏。而我最喜欢的两篇，反倒是不怎么炫技的《童年随之而去》和《同车人的啜泣》。

《童年随之而去》真是散文书写典范。全文从“不满十岁”的日子开始，那一天，他随母亲去山上做佛事，到底只有十岁，耐不住寺庙里的清苦，只求快快回家。住了十几天，终于走了，高高兴兴，可是临到船上，发现和尚送的一只碗没有带，便生气不走，母亲只好打发下人上山去拿，好半天下来，船开了，他站在船沿用碗舀水玩，结果一脱手，碗飞了。

最后，母亲说："有人会捞得的，就是沉了，将来有人会捞起来的。只要不碎就好……这种事以后多着呢。"这种事以后多着呢，木心接着说："现在回想起来，真是可怕的预言，我的一生中，确实多得是这种事，比越窑的盌，珍贵百倍千倍的物和人，都已一一脱手而去，有的甚至是碎了的。"

最后一句：那时，那浮氽的盌，随之而去的是我的童年。

这篇文章不是事无巨细一一记录的回忆旧事，文中有非常具体的对话，有风景的描写，有退出一步的评论，它近似于电影剪辑，淡入淡出，时空徘徊在十岁，处处显出一个少年人的心理，那些悠悠如古的岁月，但到了最后一刻，那脱落的盌，瞬间将时空拉回到当下，就像《百年孤独》的开头，时间在文字间荡开，我们哑口无言，默然无声，唯有安静。

《同车人的啜泣》写的是一个男人，他从郊区回城里，新婚的妻子送行，抱怨婆婆和姑子，男子默然，"……真怕回来……"。木心坐在车上看车外男女说话，揣摩他们的背景和故事，"悠闲明达"。而男人上车坐定，忽然扑在前座椅背上啜泣起来。木心始料未及，也没有多少动作，继续揣测并且感怀。这一幕日常生活的小事，非常动人。最后，木心和男人都下了车，而他发现那男人“挥动伞……吹口哨”，已经忘了刚才的烦心事。于是，刚刚那一场悲伤，便只丢给木心自己了。

每次看这两篇文章，都会感到散文最美妙之处，它不似小说重造时空，不似诗歌直接飞入云端，它是赫敏手中的那块怀表，经由时间针脚的来来回回，模糊现在和过去，未来和如今，把我们带入如梦之境，而梦里我们知道，有一条潮湿的小路，可以回去。

午后二三点时分

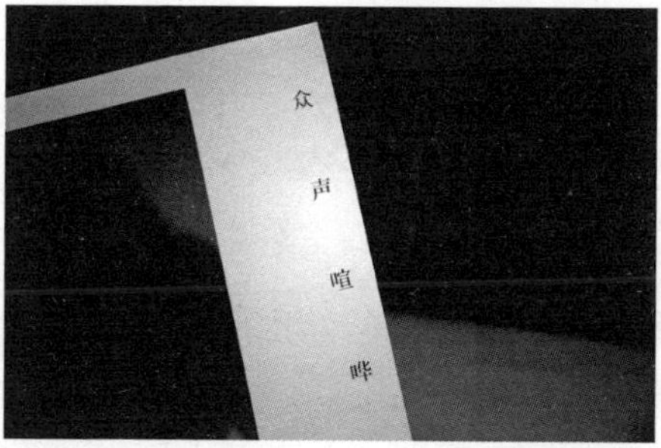

《众声喧哗》
作者：王安忆
出版社：上海文艺出版社

像王安忆这种盛名之下的人物，我总要先远离，等到不小心自己也觉出好了，再转回头来也不迟。作者不怕等待，我也不急。

在图书馆遇到《众声喧哗》，首先是看到它装帧素雅、有情绪，夹在书脊中间不声不响。抽出来，翻到手里，开本大小、字体行距、触握手感都刚刚好，便抓起来，坐到沙发上去读。

全书只有7篇文章，10万字，194页，非常符合我的“图书馆翻书守则”。在我看来，图书馆不能读大部头，累，会有读不完的紧张感，压力大，无法完全进入书中。也不能读历史著作，还是累，人名地名太多，耗元气。图书馆里书挨着书，一排排，一架架，都是灵魂的坟冢。一行行扫过去，目眩而头晕，人们整整齐齐地坐着，看书、写作业、翻译资料、开电脑、小声说话。各个年龄层的男女坐在各自的位置上，保持安静，非常安静，安静到压抑，虽然互不声响，但思考的噪音激烈吵嚷，我也不得安宁。

图书馆适合读的有散文、随笔、推理小说、短篇小说。《众声喧哗》的厚度刚刚好，也许一两个小时就可读完，不用带回家。

全书第一篇《众声喧哗》的第一句就非常漂亮：

“午后二三点时分的光线，令人想起过去的日子。”

舒国治有本书叫作《理想的下午》，指的便是下午的疏懒时光。而这一句话把这下午更为具体化了，是二三点不是一两点或者四五点，是中午刚过，晚上还不用考虑的空闲时间，很多人会在这个时候午睡，如果你不，也会感觉到时间的重量像毯子一样轻轻地覆在你身上。不只是时间的精确，还有“光线”，明暗在树荫或楼房之间变换，记忆伺机而动。

继续读下去：

“太阳经过路南老公寓的山墙折射，收集了一些颗粒状的影，那是外层涂壁上的拉毛所形成的。过去的日光是这样，毛茸茸的，有一种弹性。那时候，对面没有层峦叠嶂的高楼，天际线低矮而且平缓，路却是狭窄的，不像现在开拓得宽和直，所以就也会有开阔的错觉。汽车从街心开过去，轮胎和路面的摩擦声听起来很远，比无声反显得静谧，这静谧也是过去的。静谧中的闲散与慵懒，又有些气闷，让人恍然，就不仅是过去的，似乎还是将来未来的，无论世道如何千变万化，都是沉底，要说这城市有丝毫的悠古心，就是它了。

“这时分有一种魅惑，它让人觉着漫长，简直不知道怎么才能捱过去……等到日头在马路西边下去，界面上的光里颗粒状的影调走了，变得平坦淡薄，却似乎更亮了，此时此刻又觉着，时间简直转瞬即逝，一个时代都过去了。”

紧接着这两段话，人物出场了，“欧伯伯靠在尼龙躺椅上，看着门前的马路，心里积郁着一些愁和烦，这真是比一生一世还要长，一生一世都要过去了，这一时却捱不过去”。

看这篇小说，首先被王安忆的气度震慑，不怒自威，写得沉着，多可贵呀！然后是文字，词语组合繁复多样，并且精确，连成句子是一句接着一句，哗哗啦啦地顺流而下，进入河床。时而密集，节奏快，那是遇见河底下的石头了；时而慢下来，缓下去，那是到了平原，河床走宽了。然后是结构，前面引述的两段是开头，开了头欧伯伯一出场，节奏瞬间加快，就像电影刚开场来一些缓慢的长镜头，接着背景音乐一起，咔咔咔闪回，人物声响嘈杂渐起，故事背景一一交代，剪辑也干净漂亮。

王安忆就是这么行云流水地把那旧时光里家事交代清楚：欧伯伯从前也是年轻小伙，和妻子住在亭子间里。然后老人老去，小孩成长，家里的几间房子来回捯饬，分分合合，孩子结婚生子，有出息的搬了出去，剩下的把好房间瓜分干净。老爷子生病出院，想要干点事，便在停车房隔了一块地方，开了间小店，卖纽扣。

小说主要讲了三个人，欧伯伯，一个年轻保安，一个突然闯入这个安宁小街角的年轻女人六叶。欧伯伯生病之后说话不便，惜字如金，保安则天生口吃，和欧伯伯正好接上线，常来店前站着，也没多少话说，喂喂飞下来的麻雀，晒晒太阳罢了。然后，六叶闯入，把这个几乎停滞的时空搅动起来，她要和欧伯伯共用店面，卖衣服，那种雷厉风行的性格和欧伯伯与保安都形成了对比，世界折腾起来。

最后，六叶走了。故事完了，欧伯伯和保安在路边的夜市看到了六叶，但没有叫她，“沉静中，却有一股子广大的喧嚣，从水泥路面下升起，布满，天地间都是喊喳声”。

小说情节并不复杂，但人物个个丰满立体。作者用语言织成的这张网把现实隔绝开，你读进去，就要沉下去，沉下去，就会感受到那种与现实截然不同的时光体验，这或许就是读小说的乐趣。

作为游客的陈丹青

《无知的游历》

作者：陈丹青

出版社：广西师范大学出版社

这一次，我们从头说起。

一

陈丹青出生于共和国诞生后的第四年，在上海闹市区石门一路的石库门弄堂里长大。此后多年，当陈丹青抛出响亮的“民国范”，在各地讲座谈到往日种种，具体的细节脉络便在这里。对过人家的日常生活，叔叔伯伯的行事派头，一点一滴还留存着民国痕迹。于是他得以看见并记得，于是这个旧居之所，得以成为他民国言说的桥梁。

16岁时，陈丹青辗转赣南与苏北农村插队落户，至此基本离开了上海弄堂，在乡下生活八年之后，考入中央美术学院油画研究生班，进入正统艺术学府。此前，他当然也画画，14岁时就跟着学校的美术老师到处去画毛主席像，第一幅静物油画是15岁画的三只番茄，第一幅油画风景写生是16岁画的襄阳公园外东正教教堂。我很喜欢陈丹青15岁画的那幅自画像，阴郁宁静，漂亮得不行。但毕竟，真正以画家身份立足，还要到上了研究所以后。1978年，全国恢复高考，陈丹青决定报考中央美院，考试前夕，他又画了一幅自画像，眼睛还是一样，但眼神大变，斜着看向一边，好像瞪着谁，嘴巴鼓鼓地翘着，像在生气。照他自己的话说，“脸上分明有野心”。

带着“野心”的陈丹青，很快崭露头角。1980年，陈丹青为准备毕业创作，二次进藏，创作了七幅油画以及一沓速写，这七幅油画，就是后来凡提起陈丹青就要谈到的《西藏组画》。据说，《西藏组画》在当时引起了美术界与文艺界的极大震动，所有文艺报刊争相刊发与评论。陈丹青，一举成名。

1980年毕业后，陈丹青留校任教于油画系第一工作室。1982年，他辞职移居美国。去美国，两手空空，但美国有画，而且是原作，所以必须走。在美国的生活《纽约琐记》里约略提到了些，各种访谈文章里也有谈到，不外乎是，画画，卖画，自由快活。

2000年，陈丹青回国，被清华大学美术学院聘为教授、博士生导师。2000年5月，报考清华美院博士生的24名考生中，有5名入围，但最后因外语而全部落榜。2001年，硕士生报考，没有一个人通过英语和政治两门考试。因为政治和英语分数的阻碍，陈丹青长达三年没有招到一个研究生。再然后，陈丹青不干了。2004年，他正式提出辞职，并在公共领域多次谈到现行的教育制度，彼时还在《新闻调查》的柴静就此事件专门采访了陈丹青，并制作了一期《陈丹青出走清华》。

于是，一个教授的辞职，成了公众事件。于是，一个画家的言说，开始被更多人听见。从此，有纷至沓来的采访邀约，写稿邀约；从此，我们经常可以在杂志或报纸上看到他的文章，甚至，在镜头前，在各种讲座和沙龙上，听到他的声音，看到他的样子。

其实，谈陈丹青，不容易直接谈到画，谈到艺术，甚至也不着急谈他的文字，而总是直接跳接到他本身的经历种种，或就干脆直接将焦点放在他那张脸上。陈丹青喜欢谈人的样子，他自己的样子就很好，干净短寸，无框或黑框眼镜，大眼睛，双眼皮，眉毛直而有力，一张脸干干净净，有少年气象。其实，算起来，陈丹青已经61岁了。

二

陈丹青听人说话总是不自觉地把眼镜摘下来，侧着耳朵，听。自己讲话慢条斯理，一句一句。看起来沉静，内敛，然而，他仍是25岁那个“分明有野心”的陈丹青。说“野心”或许已经不合适，而是“不合作”，是独立，自立于权力、权威之外。

看多一些他的文章、访谈，会发现他喜欢“否定”，喜欢拒绝。对他人，对自己。画画，是专业，不可能自夸；其余的，音乐，那是门外汉；写作么，更是“荒废”；写游记，不，他讨厌；访谈，是奈何不了的应承。不过，这否定的内里是尊重和谦虚，也有一份骄傲。就像他说“‘荒废’变成书名，懂的人会读到另一层意思，就是：这个人其实不想荒废”。那么门外汉，其实并非自己真的一窍不通，而是对许多不懂装懂的不屑和讽刺。

虽然，口里说着讨厌游记，但邀约前来，陈丹青还是应承了下来了。2008年，陈丹青与《华夏地理》杂志主编叶南搭上线，拟定每年抽上几个星期，任选某国，走走看看，写些文章杂志用。

2009年，他们去了土耳其，2010年去了俄罗斯，2011年去了德国和匈牙利。没有更多了，本来打算至少八九篇的计划提前结束，杂志方面叶南辞职，这个计划自然也就搁浅。三篇，就三篇，也可以结集了。

《无知的游历》，陈丹青取的书名。他说，木心先生曾言，如果要走访列国，必要熟读该国人物与史迹，有备而去。这样才是幸福的出游。很多文章指南中，也有这样的教导：要具备知识性。什么是知识性？在游记中，莫如是走到哪处便可说出当地的神话传说，英雄人物，文学掌故，或者风土人情。总之，要让读者除文字之外，另有受益。陈丹青说，他知识匮乏，他无知。但你听他又讲，飞机上读旅行指南，那只是书，不是活的国家。“待飞机落地，入了宾馆，然后抬脚走上马路，我对于国家的认识，这才刚刚开始”，并且“新到一国而使我油然动衷的一刻，正是无知”。还有，“我喜欢记着熟知的国名，迟迟不去，也喜欢忽然到临陌生的国度，满怀无知”。你瞧，他说无知，说退步，说荒废，你都不要相信。这是玩笑话，文学的修辞魅力，不就藏在这反反正正，迷迷糊糊的文字中间吗？

我们把焦点从无知移到游记上来。游记，是古早久远的文学体裁，不是旅行指南，不是路书，不是时下流行的各种畅销“旅行书”，游记是作者从一个地方到另一个地方，用文字记下途中种种。但它的实用性没有那么强，它不会告诉你哪里有好吃的美食，哪里有便宜的旅馆，它多半只和作者自己有关。你若是想看一本游记，很有可能不会对目的地感兴趣，而是对写作者本身和他的文字书写感兴趣。

陈丹青不负责旅行指南，他目的单纯，在土耳其，只有两个去处，一是待在伊斯坦布尔蓝色清真寺和圣索非亚大教堂之间，描摹巨细，感怀万千；一是跑去以弗所废墟，瞻仰回望古希腊的楚楚动人，城墙、石柱，白马、青草。然后画画。去俄罗斯，根本就不顾景点，满心的托尔斯泰，去他的故居，去他的草坟。

老实说，看陈丹青的游记，我不容易被触动。毕竟，像艺术，像油画，像音乐，像托尔斯泰，都与我隔着万重山脉，不亲不近。在他“过于用力，过于动情”的书写中，我们隔着时代，隔着年纪。但就像前面我说的，看游记，不是看游记，看的是作者和文字，是文字间恍然回忆旧事，或者豁然开朗的一句好话，甚至这都不是，而只是看，看一个喜欢的作者的方方面面，如此，如此。

在序文里，陈丹青说：“这回去土耳其，以弗所希腊遗址到处是柔和细密的一种草，团团簇拥着廊柱和石座，每一看，我会心动，但丝毫不想到细草的名目，只顾抬起相机，揌下去，和所有游客一样。”他这仍是在说自己的无知，虽然没有草木之名，但另有其他“知识”与“名目”。倒是我看此书，却也是“每一看，会心动，但丝毫不想到细草的名目”，只是，翻过一页一页，看下去，看下去。

比张爱玲大六岁的杜拉斯

《爱，谎言与写作：杜拉斯影像记》

作者：[法]蕾蒂西娅·塞纳克

译者：黄荭

出版社：重庆大学出版社

读《爱，谎言与写作：杜拉斯影像记》，总是想到张爱玲。

童年与母亲

杜拉斯比张爱玲大6岁。1914年4月4日，杜拉斯出生于印度支那（现在的越南）西贡西北部的嘉定。他的父亲是嘉定师范学校的校长，母亲是西贡市立学校的副校长。他们在结合之前，已经在这个法属殖民地定居十个年头了。

杜拉斯一生下来就在印度支那，在热带的酷暑、奔涌的大河以及湿润的三角洲里度过了童年。杜拉斯说："一切都源自童年。我之后看到的毫无用处。"印度支那的记忆深深嵌入杜拉斯的生命，不仅仅是异国情调，还包括7岁时死去的父亲、独自抚养兄妹三人长大的母亲、女乞丐和她即将死去的孩子、小哥哥以及来自北方中国的情人。

童年、少年时期的经历，影响着所有人的一生。即使弗洛伊德没有说，我们也能从杜拉斯和张爱玲身上看出来。杜拉斯的父亲在她7岁那年去世，她的母亲承担了生活的所有重任，从印度支那到法国，从法国再回到印度支那，这个失去了丈夫的女人被陷在遥远他国的穷乡僻壤，孤单、落寞和绝望在一天天扩大。杜拉斯在母亲的阴影下成长，她在《情人》

中写道："在我的幼年，我的梦充满着我母亲的不幸。"

杜拉斯与母亲的关系非常复杂，像一棵参天大树交缠于土地之下的根，无人能够看见它的样子，但可以料想它扎得足够深，若非如此，怎能支撑起这一棵树？

和杜拉斯不一样，张爱玲幼年的生活里没有绝望的母亲，反倒有一个被鸦片迷住的灰暗的父亲，母亲的角色是缺席的，而缺席反倒加重了母亲的地位。张爱玲曾经非常期待母亲的归来，对母亲满怀希望，心生崇拜，而母亲终究没有像她想象的那样走进她的生活。

16岁那年母亲黄素琼从国外回来，张爱玲去得比较勤，与继母起了争执，终于被父亲软禁，大半年后才跑出来，从此再也没有回去。若是正常剧情，母女该团圆了，而等待她的母亲并不是张开双臂将她拥入怀中，她与母亲的关系相当冷淡。说起来，黄素琼的做法有点像我听到的某些女生朋友的母亲，凡事对女儿不满意，处处讽刺。在这样的压力下，张爱玲说："我觉得我是赤裸裸地站在天底下了，被裁判着像一切的惶惑的未成年的人，因于过度的自夸与自鄙。"

张爱玲似乎有些恨母亲，恨她不爱她。报复的手段是把欠母亲的钱还给她，二两金条，在母亲再次回国的时候，她递给她，好像从此就一拍两散，再无瓜葛。母亲果然落下泪来。张爱玲太决绝，太冷酷，但她被母亲所影响的性格和内心深处的暗疾，永远不可能消失，只能一次又一次地写在纸上，写进小说。

1956年8月13日，杜拉斯79岁的母亲在她的泰尔特城堡去世了，这一年杜拉斯42岁。第二年，黄素琼在英国住进医院，她写信给张爱玲希望能够到英国与她见一面，张爱玲当时和赖雅生活在一起，没法去，只是寄了一些钱，写了信。一个月后，黄素琼去世。这一年，张爱玲37岁。

影像与样子

杜拉斯最有名的小说《情人》是这么开始的：我已经老了，有一天，在一处公共场所的大厅里，有一个男人向我走来。他主动介绍自己，他对我说："我认识你，永远记得你。那时候，你还很年轻，人人都说你美，现在，我是特为来告诉你，对我来说，我觉得现在你比年轻的时候更美，那时你是年轻女人，与你那时的面貌相比，我更爱你现在备受摧残的面容。"

因为这个开头，杜拉斯戴着厚眼镜穿着套头毛衣满脸皱纹的老年形象，总是更容易记住。而张爱玲，一提到她，我们第一个想到的画面，总是那张穿着旗袍，一手叉腰，昂着头，直直看着你的照片。那股子与你无干，真张爱玲。

如果你看过张爱玲的《对照记》，看过张爱玲最后和盘托出的影像人生，又看过杜拉斯各个年龄段的照片，那么，你会发现一个有趣的现象。张爱玲的样子越走越温和，锋利和决绝慢慢展平，皱纹爬上脸庞，最后一张她拿着有金正日照片的报纸，笑起来，非常美。杜拉斯则是相反，小时候的杜拉斯很漂亮，十八九岁的时候，已经很迷人。可是中年以后，杜拉斯就变了样，她的神态走向了深沉，笑也不笑了，一副知识分子的样子，原本的女性魅力荡然无存。

这中间发生了什么呢？是什么使一个人的容貌和气质发生这么大的改变？

我们无从得知，因为这怎么可能被一两句话归纳出来呢？这是一个人的半生呀。发生了多少事，多少低回时刻，痛哭时刻，欣慰时刻，外人不足道。

杜拉斯与张爱玲，同一个时代里，东西方的两个作家，除了上面说到的与母亲的关系外，还有许多相似之处。

比如，她们的爱情故事总是被人谈论。张爱玲与胡兰成，杜拉斯与她的中国情人。比如，她们都与电影有关。杜拉斯不消说，是个导演。张爱玲曾经靠写剧本过活。她们都热爱影像艺术，但最终，令她们被人们记住与谈论的，仍然是她们的文字。

关于写作，有一点也是相似的。正如杜拉斯所说："我写作并无目的。我甚至不为女人而写。我写女人是为了写我，写那个贯穿在多个世纪中的我自己。"张爱玲也是一样吧。

沈从文：经历了毁劫，以另一种方式新生

《沈从文的后半生》

作者：张新颖

出版社：广西师范大学出版社

近日读《沈从文的后半生》，从1948年至1988年，从46岁到86岁，沈从文由壮年步入老年，由小说家变成服饰及文物研究专家，这里面有很多故事，不平与坎坷，对于如我一般只是粗粗读过几篇沈从文小说的读者，实在感慨万千。

最早接触沈从文是高中课本上的《边城》节选，很久没有重看，现已不大记得故事情节，但记得有一个画面，写傍晚天将黑下来，热气从地面上消散，极美，极真。后来有一年暑假，我在省图书馆附近租了个房子，傻傻看了一个多月的书，都是闲书，没有一点正经和计划，里面有一本沈从文的作品集，便草草看得他一些短篇，写的是湘西故事，记得在水上，有妓女，写法很新。最使我兴奋的是《从文自传》，这本他30多岁写他20岁以前人生的书，活泼而美，特别是写小时候逃学等事，描写街上种种铺子，很细，像春天的那种毛毛雨。

沈从文当过兵，见过各种残忍，离开家乡后，独自去北京打拼，以一支笔作为生命的支柱，开始了大量写作。他习惯把这些作品称为习作，因为他本来的意思，是要好好写上几十年，一辈子，在短篇小说这方面下大功夫，做成与契诃夫一样伟大的事来。

总之，这条路是断了，新中国成立之后，沈从文几乎没有发表过小说作品。本来，抗战八年，从北到南，由南再北，外界的环境大变动，个人也不可避免地受到震动。但这还不足以使沈从文放弃文学创作，实际上，直到50年代，他还在试着写小说，不甘心将这支笔放了去，只是不会写了。当然不是说沈从文真的不会写小说了，而是政治的影响已经改变了文学的形态，他过去的写作风格和方式遭到批判，如要写，必须得同赵树理或《红旗谱》这般行事，这使他极为痛苦。虽然按照这种规定，几年时间改改抄抄写了一个《老班长》，最后还是不合心意。之后运动一轮接着一轮，文学的心便彻底死了，所有的心力全部花在了花花草草、坛坛罐罐上面。

沈从文对这些杂文物感兴趣不是一时兴起，从那本《从文自传》里已经看得到，小时候他就对街上各种手工艺品的铺子感兴趣，不仅对物品感兴趣，对做这些物品的人也感兴趣。后来抗战避在云南，他四处收集当地的漆器等杂文物，是爱好，也是发端。1949年，本来是北大教授的沈从文被转到历史博物馆，做了好多年的博物馆讲解员，陈列展品，写说明卡片，本来就是他喜爱的事，找准路线，他便一心干下去。

这不是一帆风顺的，1949年郭沫若的《斥反动文艺》及其他一系列文章将矛头对准沈从文，他压力极大，处于崩溃的边缘。这一年3月28日上午，沈从文在家里自杀，“用剃刀把自己颈子划破，两腕脉管也割伤，又喝了一些煤油”。被救下以后，他转入精神病防治院，沈从文自我分析，慢慢调理，开始能够接受这一切了，经历了毁劫，以另一种方式新生。

然而，他费了半生心血的文物研究也不顺利。他的职称是历史博物馆的副研究员，而且还是“反动权威”，做的又是不被看重的服饰以及各种杂工艺文物，几乎没有话语权，心心念念的《中国古代服饰研究》，从起念，到着手准备，最后出版，耗时21年。这21年里，各种运动风风火火，虽然没有被划定为右派，但被旧友贴大字报攻击，前前后后被八次抄家，被下放干校劳动，一样也没有逃过。即使如此，他仍然一心想着未完成的工作，在各种艰难的处境里，苦心孤诣地忙碌着。

“文革”结束后，一切好转，特别是进入80年代，沈从文作为“出土文物”被重新发现，他的旧作在海内外经历了一次出版热潮，他也从不受重视的历史博物馆调入社科院，有条不紊地开始了《中国古代服饰研究》的收尾工作。完成这本书，沈从文也老了。

1980年，他与妻子张兆和一起去了一趟美国，待了三个月，在十五所大学做了二十三场演讲，讲文学，讲文物，这个时候的沈从文，重新获得了光彩。在美国，许多西南联大的他的学生、老同事、老同学前来看他，一个个消失的旧知在异国他乡白头相对，看到这里，心里很酸。

然后，去老家凤凰，仿佛是告别。

1988年，86岁的沈从文病逝。骨灰被运回老家小城，葬在沱江边的听涛山上，墓碑是一块大石头，分行刻着《抽象的抒情》题记的话：

照我思索

能理解“我”

照我思索

可认识“人”

背面是张充和撰书的：

不折不从　星斗其文

亦慈亦让　赤子其人

我几年前去看过沈从文的墓，不是专门去瞻仰，是去凤凰旅行，他的墓地是一景点。从沱江上坐了一会小船之后，上那小小的听涛山，秋天人不多，路上安静，他的墓就在那里，看不出别的，一块天然五彩石立在那里，脚下摆着或已经枯萎，或正在绽放的菊花，我站在那里看了一阵，便走了。

这本书是复旦大学张新颖教授的新作，26万字，不算薄，但很好看。在书中，他大量引用了沈从文留下的文字资料，一年一年地带着我们走过沈从文走过的路，同时还看到沈从文的精神方面的变换，感到时代的气息对一个具体的人的影响。令人唏嘘，令人感念。

写作，一条未知终点的穷途墨路

《穷途，墨路》
作者：[美] 保罗·奥斯特
译者：于是
出版社：浙江文艺出版社

保罗·奥斯特的《穷途，墨路》是送给所有仍然将写作作为志业、不知前路一事无成的年轻作者的最好礼物。在郁郁不得志、晦暗无光的日子里，看到一位已经置身阳光之下的成名作家，回首同样荆棘满布，糊口难挨的漫漫前身，任谁都会生出一股温暖——那是借保罗·奥斯特的文字给自己带来的无凭许诺与虚无慰藉。

但如果1996年，48岁的保罗·奥斯特仍然一事无成，所有的手稿仍然压在抽屉里，没有出版社出版过他的作品，在市面上，他还未有一个读者，那么，这本书便不会产生。这是一个颇令人沮丧的事实，只有业已成名的作家才有机会回首往事的诸多不顺。当你从这本书中找到继续坚持写下去并且不惜行走在破产边缘的力量时，请务必提醒自己，保罗·奥斯特永远只是保罗·奥斯特，他的穷途墨路已经转向康庄大道，而你的，仍然未知终点。

这一点，保罗·奥斯特自己是知道的："一直以来，我唯一的壮志就是写作。十六七岁时我就知道这一点，但从未蛊惑自己去想：我可能以此为生。当作家，并不是什么'职业选择'，和当医生和警察不是一码事。你没法选择，甚至也没法被选择，一旦你接受这个事实，就再也不适合干别的事，你必须做好一切准备，一辈子都得走这条漫长而艰辛的道路。”

这本书并不严格按照时间顺序从出生写到此刻，他不是通常我们所见到的回忆录，他从前半生中抽出一个主题：写作与谋生。以此回溯30岁出版第一本书之前的自己在这样一条道路上走过的脚步和岁月。

显然，这不是一条高速公路，它绵延、曲折，穷途末路。保罗·奥斯特以这样的语调带领我们开始：“三十岁上下的那几年，我碰到的每件事都以失败告终，那段日子我熬得很苦。婚姻以离婚告终，写作一败涂地，钱方面也是捉襟见肘。”

之后，我们可以看到小时候的保罗·奥斯特，他生于中产之家，父母拥有截然相反的金钱观念，为此常年的争吵伴随着小保罗的长大。他小时候似乎有不错的经济头脑，帮邻居打扫雪地、卖汽水，但长大之后，他拒绝了按部就班的人生轨迹，拒绝投入资本主义巨大齿轮的现实生活之中。他像毛姆《刀锋》中的拉里一样，四处游荡，打一些短工，在大学时去欧洲穷游，毕业后去邮轮上打杂，重回巴黎靠翻译和短期差事过活，参与X先生的电影项目并跑到南美洲莫名其妙地待上一个月只为帮助X夫人写出一本书，回到美国在一家经营古董书的公司撰写目录，在最为拮据的日子里为自己想出的棒球纸牌游戏四处兜售。

工作、钱、谋生。保罗·奥斯特一度拒绝着它们，以换取足够的自由，但是他无法回避它们，即使在这方面一路失败。显然，他懂得这种失败，并毫无怨言。在为生计发愁的生活里，占据着另一面江山的，是他的写作，他写诗歌、写剧本、写评论、写小说，同时翻译。有时候他为自己写，有时候为生计写。他从未停止的写作，构成了这本书跌宕内容下的真正内核，没有这一部分孤独行走的纸上征程，我们也不会看到如今这些美妙而又迷人的文字。

是的，这是一本迷人的书，不仅仅在于作者本身的经历丰富，更在于经历这一切的是一个作家，是保罗·奥斯特。他记述了许多人物，那些从他的生命中出现又消失的人在本书中贡献了自己的精彩，他们的故事将一本回忆录从自我追忆扩充到了更广泛的境地。然而，真正动人的，如一开头我所说的那样，是一位作者在黑暗时期的坚持和努力，是坚定不移地面对自己的志业并为之奋斗，是一个写作者的纠结、沮丧与勇敢。

他曾写道："在内心深处，我已经接受了败局……我曾为了写作而渴望时间，但既然我已经不再是作家了……我已经准备好放弃挣扎，像别人那样去生活了。九年贫瘠的自由写作生涯已让我油尽灯枯……事实便是，我为自己挖了一个又深又暗的地洞，爬出来的唯一办法就是找份工作。”

写这段话的时候，是他的游戏事业完全失败之时。保罗·奥斯特也心灰意冷了。但是，他并没有像他写的这么做，这是一次阵痛，又一次挣扎，但几页纸之后，在全书的结尾，他终于出版了自己的第一本书。

至此，他似乎结束了自己的穷途，而墨路才刚刚开始。

读一点周作人

《雨天的书》
作者：周作人 著/止庵 校订
出版社：北京十月文艺出版社

常有人问我喜欢读谁的书，答案随着年龄增长总是在变，唯独周作人、汪曾祺的散文，一直不肯丢掉，即使好长时间没翻过，还是愿意乐呵呵地说，噢，我喜欢周作人。

周作人没有大文章，小说除了早期和鲁迅一起译过一些国外作品基本没有涉猎，论文专著也极少，戏剧更是不用谈。他的所有作品都是短章，最早写杂文，关心妇女儿童问题、教育问题，谈龙谈虎，也和人吵过架的。后来写杂感随笔，承明小品文传统，笔下不必大事，随笔荡开，也是一番好风景。

再后来，枯淡到头，干脆大量引用其他书里句子，形成独特的“文抄公”体，一篇文章有一半引文。但内行者知道，并不是简单凑字数，背后对阅读量和视野、品位的要求颇高，一般人想学学不来，然而对于普通读者如我，便嫌晦涩了。最喜欢的，还是写散文小品的周作人，而这一路文章里，最常读的便是《雨天的书》。

《雨天的书》原是1925年新潮社出版的。2002年止庵先生编了一套《周作人自编文集》，将从前周作人自己结集的作品，整理成套出版，其中就有这本《雨天的书》。周作人自编的集子都不厚，大概三五十篇文章，没有特别明显的主旨，只是写在一个时间段，便凑成一本书罢了。我喜欢这种编排，和时间近，和主题远，对散文随笔来说，对写了一辈子随性散文的作者来说，这种编排是最好不过的。

从内容上看，这本小书里的文章大致可分四类，一是吊怀旧人，二是闲适随笔，三是杂文时论，四是小品书话。其中最好看的，当然还是随笔散文一类，毕竟书话所谈书籍相去已久，很多已不知名目，读来唯有囫囵；杂文也是一样，脱了当时环境，虽文字仍好，但总是相隔。唯有那些不为特定读者和环境所写的鸟木虫鱼，闲事回忆才真真能穿越时间。

比如《苦雨》《初恋》《北京的茶食》等，没有木心散文好像拍电影一样的临场感和画面感，周作人只是一味地叙述，淡然如聊天的叙述，一句织着一句，虽然都不是警语金句，但也绝对没有废话。文字长短咬合，读起来有韵味不说，那种平淡语境，一句一句铺展开来的结果，是淡淡的舒心，像树荫底下的午后，或者窗前灯下的冬夜。

这里面我最喜欢的一篇是《山中杂信》，当时周作人生了不小的病，被鲁迅安排到西山某寺休养，住在山里，闲住之外，写了几封信给在报刊做编辑的孙伏园。不太知道文章本就是给报纸写的专栏，还是私下写给孙伏园的，总之是非常贴己的书信体。写山里风景，那些和尚，卖汽水的人，天气，自己的病，读来淡寡冲和、随意简然。

其实，光是开篇几百字的序言，就很好看，也很能代表他所独有的风格，引录如下：

“今年冬天特别的多雨。因为是冬天了，究竟不好意思倾盆的下，只是蜘蛛丝似的一缕缕的洒下来。雨虽然细得望去都看不见，天色却非常阴沉，使人十分气闷。在这样的时候，常引起一种空想，觉得如在江村小屋里，靠玻璃窗，烘着白炭火钵，喝清茶，同友人谈闲话，那是颇愉快的事。不过这些空想当然没有实现的希望，再看天色，也就愈觉得阴沉。想要做点正经工作，心思散漫，好像是出了气的烧酒，一点味道都没有，只好随便写一两行，并无别的意思，聊以对付这雨天的气闷光阴罢了。”

这是解释书名的由来，但文字本身，如溪流而下，自然顺畅之外，还有清寡之味，要再细说，也说不出东西来，便只是觉得好。

以上只是谈到周作人文章的好处，并未涉及他与鲁迅的纠纷、他的政治问题以及在文学史上的地位云云。因为，作为普通读者，看一本书，从头至尾，真正打动你的永远只是那一颗颗文字，其余所有，永远是第二位的。只是就周的好处，恐怕也没有说清楚，囿于我的能力也没有别的办法，唯愿引起你的一点兴趣，自己去看了。

请不要错过北岛的散文

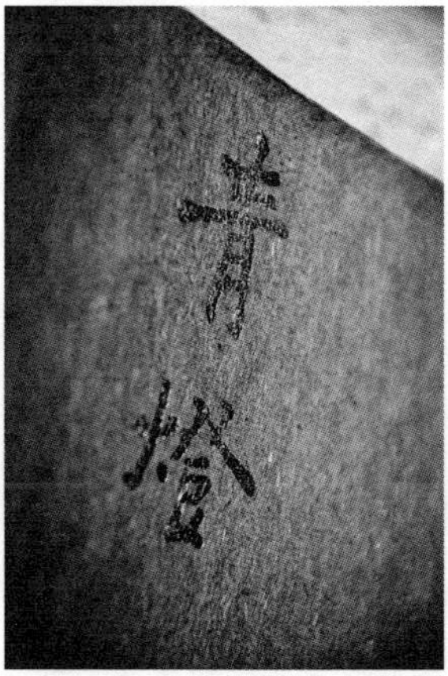

《青灯》
作者：北岛
出版社：江苏文艺出版社

还是要从2001年讲起。这一年，因为父亲病重，阔别祖国十三载的北岛获准回到北京。下了飞机，重回故土，他觉得不可思议，“北京已经面目全非，难以辨认”。因此，他要通过文字借由记忆重建自己的北京。于是，有了《城门开》的写作和出版。而2001年冬天的回国，显然不仅仅只是为了令北岛感到愕然和惊诧，并由此为一本书的诞生埋下伏笔。他最重要的目的，是看望父亲，同时，借这个机会，与多年未见的朋友们重新聚首。

中日友好医院里，他见到了中风八次躺在病床上“任人摆布”的冯亦代伯伯，二十多年前，他还是一个朝气蓬勃的青年时，曾在冯伯伯的家里与他讨论诗歌的翻译，《今天》创刊号上的英文译名正是采用了冯伯伯提出的“The Moment”而否决了之前拟定的“Today”一词。

这段时间，他还见到了青年时代一同玩耍，同游白洋淀的日本朋友AD；见到了虽然没有加入《今天》但确为《今天》元老级人物的刘羽；见到了曾经鼓动舒婷加入《今天》的诗人老友蔡其矫……

北岛的散文集《青灯》记述了这些会面，以及由此展开的关于故人的一个个故事。2001年是一个中间点，不仅仅因为这是北岛多年后的首次回国，而且在于，这些会面有不少成为了永别。死亡总是幽灵般地出现在文章的字里行间，与《城门开》不同，在这本同样是回忆性质的散文里，北岛不再是少年，而是中年，一个历经沧桑，饱含风霜的中年，文字里不是那个被记忆隔绝了的童年辰光，而是扎扎实实的现在，此刻，当下，是时间的百转千回，是生命的一息长叹。

这本书里文字周正，沉稳，与天空很远，与大地很近。时空回转，但自在把握，不急躁，不轻浮，少有清丽俏皮，多是半百回首的人生。

北岛七十年代末活跃于北京的地下文学圈子，和芒克等朋友办起《今天》诗刊，八十年代，在理想主义、浪漫主义的文化浪潮中，和顾城、舒婷一起成为偶像级别的当红诗人。八十年代的最后一年，因为政治事件离开中国，开始了长达二十年的漂泊生涯，仅1989年到1993年四年内，北岛就住过七个国家，搬了十五次家。一个诗人的异国生活，与我们如今常谈到的投资移民显然不是一个频道。

说起北岛，好像他还是那个斩钉截铁说出“我不相信”的年轻诗人，而实际上，他已经六十多岁了。十年之前，他在大陆出版了离开中国后的第一本散文集《失败之书》，在这本书的序言里，他写道：“散文往往是中年心态的折射，与荷尔蒙、血压及心跳速度等生理因素有关。就像一个下山的人，需要调节呼吸，放慢步伐，‘采菊东篱下，悠然见南山’。怀旧在所难免，那是对气喘吁吁的爬山过程的回顾，对山的高度以及风险的再认识。”

从1997年开始，北岛陆续写起了散文，他说，漂泊正合适散文，“这些日子你都去哪了？干了什么？这是诗歌交代不清的”。那么，就交给散文吧。这些年，他的散文作品结集的有《蓝房子》《午夜之门》《青灯》以及《失败之书》《城门开》等。北岛自言，写散文是为了赚稿费，是诗歌之外的补充，但是，在中文的散文写作里，北岛必然占有一席之地。似乎诗人写散文，都驾轻就熟，不仅叙事不马虎，还总在纸页翻动的缝隙里留下几许诗意。

如果，你错过了北岛的时代和他的诗，请不要错过他的散文。

夹缝中的作者们

《代表作·中间代》
作者：薛忆沩、冯唐、苗炜 等
出版社：北京联合出版公司

提到中国当代文学，你会想到哪些名字？

余华、莫言、贾平凹、张承志、王安忆、苏童、格非、张炜……

这个名单可以继续列下去，按照如今的出版“盛况”，成百上千个名字铺展开来应是没有问题。提起中国当代文学，你首先想起的还是上面这些人以及他们的同侪，不是么？至少，要先将他们的名字数过以后，才轮得上其他人。

要知道，他们的作品是中国文学界研究最多的对象，他们的小说被翻译成多国文字，他们在各种讲座场合出现、说话，他们中间的每个人都得过各式各样的奖，其中来自山东高密的莫言拿到了最大的那一个（诺贝尔文学奖）。

但是，我们同时知道，被谈论和被阅读并不是一回事。只要你有一些逛书店或者逛图书馆的经验，就肯定了解，那些被无数指头翻动折磨，终于封面脱落污迹斑斑的书本肯定不来自于以上名字，它们来自另一边，它们的作者中有韩寒、郭敬明、沧月、蔡骏、辛夷坞、南派三叔这样的青春文学、类型文学的旗手，但更多的是你从未听说过的一大群名字随意模糊不清的作者，他们抢占了更多读者，即使他们从未在主流舆论中声名显赫，从未拿过奖。

以莫言为代表的在80年代兴起的一代作家，和以韩寒为代表的在上一个十年被市场检验的年轻作家覆盖了“当代文学”这四个字的绝大部分位置。曾经的先锋作家和文学斗士如今不是在体制内安全写作，就是在学院里执掌教书。他们混成了文坛大佬，而韩寒则直说“文坛是个屁”。对于青春文学作家来说，市场更重要，文学产品和文学作品并不需要清晰分辨，卖得好就是硬道理。消费主义并不会对出版界网开一面。年轻的作者不再自称作家，而是写手，他们以卖字为生。文学这个箩筐很大，可以装下很多，甚至更多，他们知道。

然而还有一些人，他们的名字既不在这一边，也不在另一边，他们尴尬地生存于当代文学的缝隙之间，悄然兀自生长。好时候没有赶上，文学被青年们大肆追捧，诗歌和哲学成为街头巷尾的谈话中心时，他们还太小。一转眼，他们成年了，一转眼，文学浪潮退下去了，赚钱成为时代的主题，还未来得及站稳脚跟，“80后”的年轻人便急吼吼地上了位，市场上全是他们的声音。

这些在文学界长期失声的作者大多为“70后”，被称为“中间代”或“中生代”，他们与文学亲，但并不以文学为生，他们的作品被发表的机会很长一段时间里并不多，但是他们仍然在写。现在，也许因为前辈后继无力，而后辈浮躁不长进，他们像雨后春笋一样一个一个冒出了头。

2012年10月，作家绿妖在北京某电台主持了一档文学访谈类节目，名字叫《最读书》，采访的就是中生代作家，在这一连串的名字中，有阿乙、路内、柴春芽、阿丁、李霄峰、桑格格、徐皓峰等。他们被采访，说明，他们已经被听见。

在此一诡异的（现在竟然还有聊文学的节目？）聊文学的节目开播前不久，铁葫芦出版了《代表作·中间代》，这本小说集收录了十位中间代男性作家的作品，此前，他们当然都已经出了书，成了名，但这里，他们好似宣誓一样第一次集体亮相。

这份可以数尽的完整名单是：薛忆沩、苗炜、冯唐、阿丁、路内、李师江、柴春芽、瓦当、阿乙、曹寇。

他们果然不同。他们不像80年代的先锋们一样迷恋形式创新，写作内容从“寻根”“乡土”等一些大主题趋于日常、琐碎。薛忆沩的《出租车司机》写了一个出租车司机在失去亲人后的日常活动和心理状态；苗炜的《星期天早上的远足》则描绘了一场村上春树式的青春爱情；路内的《四十乌鸦鏖战记》像他几乎所有的作品一样，将视角对准了上个世纪末的青春少年，他们的成长和迷茫；李师江用《巩生和彩霞》直接呈现了一场来自于底层民工和妓女的荒诞却真实的对话；瓦当用《圣诞快乐》演绎了一个中年成功男人的出轨；曹寇则将小镇里的一个无聊夜晚静静写出来：那样一个夜晚里，有这么一群内心正在“肿胀”（冯唐语）的男女四下走着，为着一个可有可无的目的。

他们也不同于市场机制中打磨出来的青年作家，要知道，韩寒、郭敬明等是几乎不写短篇的。短篇耗费精力，产出比不高，集成一本可以出书的数字比直接上手长篇慢多了，也严酷多了。长篇小说有更多通俗化的可能和路径，但短篇小说这种形式，还始终不离不弃地大致忠于文学本身。

在这本称为《代表作》的集子里，编选者说：“本书所遴选的作品均为作者自己指定，是作者自己认定最满意的短篇小说，亦即我们所理解的‘代表作’。”虽然话说得诚恳，但整体呈现却并非那么令人满意，如果这些小说果真如此就是这些作家的代表作，那么，他们肯定也代表不了什么。

虽然在不少小说中可以明显感受到才华涌动的气息，但毫无疑问，这样的“代表作”显然还不够。薛忆沩的《出租车司机》文字克制简洁，但对话明显生硬、磕碰，人物情感也不够厚实；冯唐的《安阳》基本就是一次游戏，而且做作无聊；柴春芽的《长着虎皮斑纹的少年》从头至尾虚弱无力；而阿乙最好的小说绝对不是《先知》。

整体来看，这仍是一批以文学为志的作者。他们比上一代更懂得现实，懂得作为现代人的内心实质，也比年轻人更成熟，更严肃，但路还很长，尽头还远在天边。虽然他们摆脱了少年憧憬和幻想的浅白故事，但荷尔蒙气味和冲动仍在文字中萦绕不散。不是说荷尔蒙就不好，而是一大片望过去都是勃起的欲望，总归让人觉得单调。

或许，以后，不会再有一代一代带有鲜明记号的作者群体了，时代的印记在个人身上的痕迹将越来越少，以一个一个人的样貌出现的作家将为常态。到那时，也许，我们会看到曾经在这本书里出现的某些名字，真的长大成为一棵巍峨高阔的大树。

星期五：一颗一颗发光的恒星

毫无疑问，短篇小说更适合这个日益碎片化的时代，不是因为篇幅短小，而是因为在短篇小说中我们会遇到更多琐碎的、在大长篇中不被注意和处理的主题，并且这些主题已成为我们生活的重要组成部分。

《没有人给他写信的上校》

作者：[哥伦比亚]加西亚·马尔克斯

译者：陶玉平

出版社：南海出版公司

1956年，年轻的马尔克斯还不到30岁，正在巴黎做记者，一面穷困潦倒，一面写《没有人给他写信的上校》。这本书据说改了9遍，于1961年出版，是他的第二本书，也是最不像《百年孤独》、完全没有魔幻气息的一本小说。

书很薄，只五万字，但马尔克斯对它评价很高，认为是自己最好的作品，并说它无懈可击，“可以面对任何敌人”。为什么这么讲？因为即使《百年孤独》人人叫好，也仍有许多人读不下去。《没有人给他写信的上校》则不存在这个问题，它不魔幻，扎扎实实地讲故事。退一步讲，人人都能读懂而且有共鸣；进一步说，它技艺高超已臻佳境。

《没有人给他写信的上校》（下文简称《上校》）如题目所预示的，讲的是一个等待与失落的故事。主人公是一位75岁的上校，他每周五去镇上等待已经等了15年却迟迟不来的体恤金，当别人问他是不是在等邮件的时候，他说，“我没在等什么”，然后拍拍屁股回家去。家里有一位患病的老妻和一只斗鸡，斗鸡是死去的儿子留下来的，是他们唯一的财产，他准备养到一月参加比赛，赢了之后卖个好价钱。但妻子不这么看，妻子已经把家里能卖的东西都卖掉了，家里一贫如洗，无米下锅，别说养鸡了，自己都养不起。

在马尔克斯的小说里，操持一个家于不落之地的总是女人，他自己也承认：“我笔下的女人要比男人更植根于现实。男人们身处逆境时显得很脆弱，而女人遇到逆境时却会像岩石一般坚强。如果没有女人留下来支撑着家，男人就会一事无成。”但很显然，他更看重男人不现实的那一面，就像我们这本小说里的上校，死要面子活受罪，不示弱，不对外寻求帮助，就连等那一封应得的体恤金，都要遮遮掩掩。

这是老上校的尊严，他不肯卖掉那只鸡，他对妻子说，因为那是儿子留下来的，但还有一个原因他没说，卖掉那只鸡意味着向别人宣布自己失败的生活，他不肯承认这一点，即使已经家徒四壁，还是满心期待那一封不会来的信，好像他一点也不担心它根本不来。

难道上校不能干点别的吗？为什么傻傻等了15年？

这里面可能有一点军人对国家的信任，他相信承诺给他的东西一定会得到，他相信曾为之战斗的国家是值得守卫的。一旦他放弃等待，就等于放弃了自己的付出，也背弃了国家的信任。在小说中，有不少人其实已经获得了地位金钱，唯有老上校脑子不开窍，在那个承诺得到兑现之前，绝不妥协。毫无疑问，他是个理想主义者，活得穷困潦倒，但心里坚守着些什么。

很多读者能从这本拉丁美洲背景的现实主义小说中获得共鸣，正因为马尔克斯处理的是一个所有人都曾面对或将要面对的问题：等待与失落，希望与失望。一个作者是否要坚持自己的理念，写自己想写的东西，即使卖不出去几本书，收入堪忧；还是可以换一种方法，迎合大众，以取得更好的报酬？这看起来不搭界，但内里是一回事，要不要改变，要不要坚持，很多人选择了前者，很多人选择了后者，每个人都因自己的选择走向属于自己的未来。而老上校选择等待，他坚持，执拗，顽固，同时让人升起敬意，这是一个不妥协的老头。

海明威的《老人与海》也写了一个不妥协的老头。想到海明威并不是偶然，马尔克斯的这本《上校》在技巧上与魔幻现实远，离海明威则更近。海明威最著名的“冰山理论”以及标志性的白描手法，都被马尔克斯淋漓尽致地运用在了这本小说里。全书语句简洁，描写克制，许多背景缺乏交代。内容核心只写上校等待体恤金这回事，但实际上，他如何走上战场，如何归来，儿子如何死去也很值得一写，但马尔克斯没有这么做，他取消了更多的内容，而使《上校》得到了圆满的状态。

这本书里的对话非常精彩，特别是上校和妻子的斗嘴，言简意赅而意犹未尽。最给人力量的便是全书的最后一句，当一无所获的上校和妻子躺在床上聊天，妻子质问他“这些天我们吃什么？”时，他斩钉截铁地回答：“吃屎。”

魔法师奥康纳

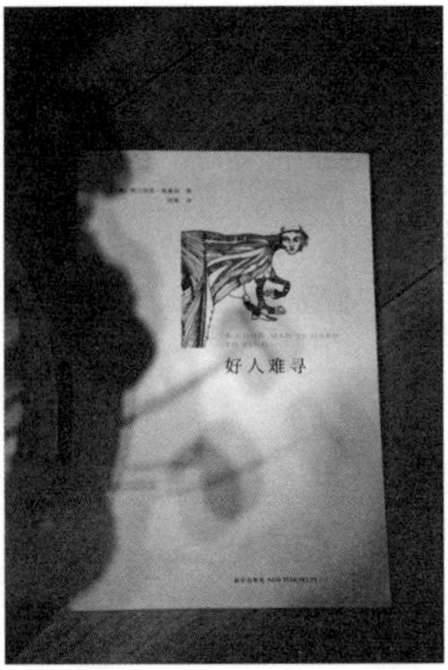

《好人难寻》
作者：[美]奥康纳
译者：於梅
出版社：新星出版社

阅读奥康纳是一种全新体验，震惊，充满疑问。

震惊之处首先在于她小说中怪诞且凉飕飕的故事，它们看似平常，缓慢进行，但总在某个时刻趁你不注意而发生意外。收录在《好人难寻》中的十篇小说，没有一篇不让人感到夏季午后山雨欲来的压抑氛围。

同名小说《好人难寻》讲述的是一个絮叨的普通老太太和她一家子去佛罗里达度假的途中，遭遇了曾出现在报纸上名为“格格不入”的逃犯，然后，他们被一一杀死。在杀死老太太之后，“格格不入”还说了一句莫名其妙的话：要是每分钟都有人对她开枪的话，她可以变成个好人的。

《救人就是救自己》讲述的则是，独臂流浪汉来到一个只有女主人和她弱智女儿的农庄，女主人打起算盘，把女儿嫁给了他。但最终她的新女婿却在度蜜月的路上，开走了她家的车并把她女儿弃之不顾，一个人离去。

我更喜欢的《人造黑人》和《善良的乡下人》一样暗潮涌动。前者讲述的是一老一少爷孙俩早起准备去城里走一遭，他们总是吵架，孙子喜欢说他生在城里，这是他第二次进城了；而爷爷则时不时地卖弄自己的资历，回顾一下当年以正视听。当他们在城里迷路之后，孙子撞到一个妇女，这名妇女不依不饶吵嚷着要报警，要让他赔钱。而这时，被质问的爷爷却说："这不是我孙子，我从前从未见过他。"

《善良的乡下人》里虽然没有人死亡，但故事之诡异奇谲却更过分，一位装了假腿的老姑娘虽然是个博士，但迫于现实不得不和母亲住在乡下，她高傲，处处不合时宜。虽然打心里看不起那个来家里推销《圣经》的年轻人，但不知是出于欲望还是别的，她打算勾引他。第二天，他们在不远处的稻草垛上约会，他们吻在一起，然后年轻人诱使她把假肢取下来，拿着她的假肢跑掉了，据他说，他还收藏了一只假眼睛。

这些故事发生的场地并不古怪，大多是南方的农场和乡下，但这些人物却尽显怪诞，在这本小说里，真真是"好人难寻"。

虽然在阅读中，我们通过奥康纳那种独特的语调和故事，感受了一番小说叙事本身的乐趣。但是，一个个疑问仍然高悬头顶，无法自己解开。比如在《好人难寻》中，"格格不入"先生说的那句话是什么意思？比如为什么奥康纳写了这么多的暴力和死亡，她想说的仅仅是一个个诡邪的故事吗？

于是，你就要去打探她的身世和背景了。虽然新批评派主张不要管作者，只专注于作品和文本。但是，对于一团困惑，我们显然首先还是会想要去向肇事者寻找答案。

弗兰纳里·奥康纳1925年出生于美国南方的佐治亚州，比张爱玲小5岁，她们都是天才女作家，都热衷于在世界的负片里打捞灵感和故事，然而她们的质地却大不相同。张爱玲的作品和她的人一样，像富贵大号里挂出的华丽绸缎，满眼的热闹，摸起来却是凉凉的。奥康纳的小说则是哥特城堡衣柜里旧衣服，一件件布满阴暗怪诞的褶皱。

早在奥康纳15岁时，她的父亲因为染上红斑狼疮而过早辞世，而她本人在26岁时也被确诊染上同一种病，据说只能再活5年。为了养病，奥康纳回到南方的故乡，和母亲一起在佐治亚州的农场生活。

理解奥康纳，除了她的病，还必须要了解她的天主教的背景，因为据她自己说她的作品和她的宗教信仰是分不开的。这一个个故事背后，多少都有着宗教上的深意。

而问题还是来了，既然她是天主教的忠实信徒，并且她的作品和宗教有着密不可分的关系，为什么她总是在描写邪恶、怪诞、哥特式的故事并且“好人难寻”呢？

著有《西方正典》的著名的文学批评家布鲁姆给出了回

答："她想以暴力震撼我们，使我们觉得需要传统信仰。"在阅读了其他相关背景资料之后，我们会知道奥康纳给她的小说人物都安排了一个"恩惠瞬间"，她把他们推到了各自本性的极限，最终在绝望下发现真相，接受恩典。所以，《好人难寻》虽然描写一个在大众看来死了好几个人的悲惨结局，但作者却在其中蕴藏了希望的种子。

纳博科夫在《文学讲稿》中曾说，可以从三个方面来看待一个作家："他是讲故事的人、教育家和魔法师。一个大作家集三者于一身，但魔法师是其中最重要的因素。"

我想对于普通读者，我们还是先好好享受奥康纳作为魔法师的一面吧。

当冯内古特不黑色幽默

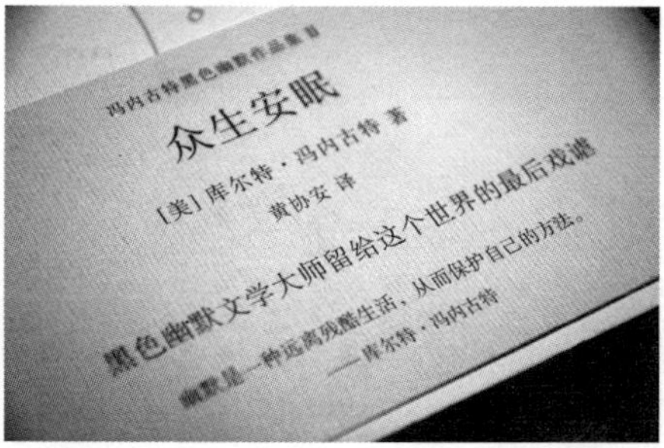

《众生安眠》

作者：[美] 库尔特・冯内古特

译者：黄协安

出版社：重庆大学出版社

冯内古特一向被称为“黑色幽默”大师。所谓黑色幽默，黑色是底子，是人生本来的荒诞与不幸，幽默是对这荒诞人生的反击，是用对荒诞的荒诞，来反衬人生的荒凉。懂得黑色幽默的人，一定是现代人，心里空着一个洞，怎么也填不满。

这么说，有点玄。关于黑色幽默，另有一个著名的例子：某个被判绞刑的人，在临上绞架前，指着绞刑架询问刽子手：“你肯定这玩意儿结实吗？”这就是黑色幽默，不用多说，你已经领会。

能够讲得一手黑色幽默的故事，自然要真正懂得这世界的虚妄与荒诞，对它既失望又怀有希望，虽然写的是喜剧，内里却又大悲哀。冯内古特的一生，即是如此。

冯1922年出生于美国印第安纳州印第安纳波利斯的德裔家庭。1944年，冯的母亲在母亲节那天自杀。他的妹夫后来死于车祸，妹妹死于癌症。1945年，他在战争中被德军俘虏，关押在德累斯顿战俘营。在之后的德累斯顿轰炸中，冯内古特因躲在一个地下屠宰场而成为仅存的7名幸存者之一。这一段经历在23年后被冯内古特写进那本著名的《五号屠场》。

2007年3月，冯内古特在家中不慎跌倒，伤及脑部，4月

11日病逝。本来，这位老作家的故事就该告一段落，但出版社又陆续出版了几本他生前未发表的短篇小说集，其中有两本已经有了中文版，分别是《看这儿，照相啦！》和《众生安眠》，共收录了短篇小说二三十篇。我刚刚读完《众生安眠》，黑色幽默的部分还不明显，但已然可以看出作为一个小说家的本领和特质，他对情境的营造，对话的流畅，都让人赞叹。

在《众生安眠》里，你不会看到仅此一种的文体风格，而是杂花生树。《珍妮》讲了一个颇为奇妙的故事，乔治是一家家电公司的员工，而他的老婆珍妮，是一台冰箱。《自杀流行病》如题所述，讲述了一场像流行性感冒一样的流行性自杀疾病。《代价一百美元的亲吻》全篇以对话展开，干净利落。《女工池》的主角则是一位困囿于流水线上的女工，她对一位闯入厂区的窃贼产生了好感，一场爱情由此诞生。

《短蜡烛灭了》发生在农场，一个失去丈夫的女人爱上了遥远国度的笔友，长日通信，日久生情，终于动身去看他，最终得到的却是一种奥康纳式的结局，整个故事也笼罩着奥康纳特有的阴郁气氛，特别是墓地上的侏儒这一场景。

《骗子》的故事发生在一家艺术小镇上，马路对过住着两个艺术家。一个画写实，一个画抽象；一个画卖得好，一个画只得奖；一个有钱，一个穷；他们都有老婆，他们的老婆都佩服他们。他们老婆的争吵把他们逼上了梁山，他们被逼着画出对方拿手的那种风格，因为他们的老婆都认为他们无所不能，最后他们在半夜交换了自己的画，后来又换了回去。这是一个精巧到有点老土的故事，但在老冯的笔下，吸引力十足。

冯内古特的故事一个接一个讲下去，没有一点重复，他设计了一个又一个场景，一个又一个人物，各个活灵活现，他既有后现代主义的碎片荒诞，同时又不忘传统说故事的手艺，看这本小说集，你不会太注意到小说的技巧和所谓的流派与主义，你只会被一个个故事所吸引，不需要理论分析，不需要批评家多嘴，你直接与老冯发生关系。

面对孤独，面对失败

《十一种孤独》
作者：[美]理查德·耶茨
译者：陈新宇
出版社：上海译文出版社

人们向来愿意为成功者立传，谈论他们，崇拜他们，希望自己有一天也能跻身其列。然而现实是，一个成功者的背后往往躺下了成百上千的失败者，只是他们沉默无声，不被听见，不被关注。

在很多人看来，失败是可耻的，但其实，失败才是常态。

最近刚看了科恩兄弟的电影《醉乡民谣》，讲的便是一个失败者的故事。在60年代的美国，民谣音乐的盛世即将到来，而主人公勒维恩·戴维斯没有赶上好时候，他属于被拍死在沙滩上的前浪。整个电影里他四处借沙发住，没有一件挡风的外套，试图改变生活却仍然潦倒、贫困、一塌糊涂，是一个实实在在的失败者。电影静静地讲完了他的一段生活，导演并没有刻意去营造一个悲剧英雄的形象，而是试图传达这样一个理念：失败者的生活也是生活，也是值得关注并且尊重的。

这个故事很适合理查德·耶茨来讲，这位被称为“焦虑时代伟大作家”的作家一生都在关注这个主题，在接受采访时他曾说：“我想我对成功的人士不太感兴趣，我想我对失败更感兴趣。”

而事实上，耶茨本人便是个失败者。他出生于1926年的纽约，父母在他3岁时离婚，接着便是大萧条时代，母亲独自带着孩子们生活在贫困里，酗酒，歇斯底里，童年时代的耶茨过得并不舒适。1944年中学毕业后，耶茨没有上大学，他受海明威的影响认为作家应该融入生活的潮流之中，选择奔赴战场，但不幸染上了肺炎，退役回家，在纽约结了婚。

1951年，他带着军队发给他的补偿金来到欧洲，全身心投入写作，但他的运气并不像海明威那么好，《纽约客》甚至拒绝了他的每一篇投稿。1952年，他终于在《大西洋月刊》上发表了第一篇小说，但这也并没有带来接踵而至的名誉和飞黄腾达的前途。1959年，他与妻子离婚，两个女儿归妻子抚养，他独身一人面对生活，常年酗酒，做枪手，去好莱坞写剧本，给政客写发言稿……当然，他仍然坚持写作，可成果并不理想，没有一本书的精装本销量超过一万两千册，到1992年11月，他死于肺气水肿的时候也未成为一位声名显赫的大作家。

但是，我们仍需承认，耶茨是个伟大的作家，他写下了许多优秀的小说，特别写下了“失落时代”的各种失败者，他们的生活境遇，惆怅、孤独。

《十一种孤独》是他的第一本短篇小说集，很能代表耶茨的特色。关于他的风格，有人说卡佛受到过耶茨的影响，毕竟卡佛也是一个灰色调子的作家，他的小说里处处展现着中产阶级主人公的尴尬和无聊，那种无法交流的无力感，以及弥漫于其中的孤独。但耶茨比卡佛更冷，他几乎不给主人公一点温暖色彩，任每个人隔绝在自己的孤独中，品尝失败的滋味。

我非常喜欢《南瓜灯博士》和《一点也不痛》。前者的故事发生在一个小学，新转来的男孩文森特·萨贝拉受到其他同学排斥，年轻的女教师想要改变这个沉默寡言的孩子，帮助他融入新的环境，和他谈话，试图与他做朋友，但是最后男孩用他的方式攻击了老师，在墙壁画上辱骂她的画。

这篇小说以第三人称叙述，作者并未向我们展示文森特的心理活动，我们只看到他与环境的格格不入以及他的反应，读者会希望年轻的老师把事情办好，但其实我们和女老师一样，一点也不了解文森特，不知道他之前的生活，没有谁能改变文森特的孤独，这就是事实。

《一点也不痛》同样残忍，患肺结核的丈夫长年住院隔离，妻子每周去看他一次，本应是两人幸福时刻的探望时段，却充斥着冷冰冰的对话，没有话题，沉默，看杂志，等待时间过去，无法交流。最后，妻子出了医院，上了朋友的车，和情人热吻。在此之前，她站在马路上独自抽泣。孤独，反而是在与人相处时最容易感受。

其他篇目写了恪守纪律但不受喜爱的教官；一对要结婚却互相心不在焉的情侣；一个梦想着将自己的故事出版的出租车司机；一群肺结核医院里的病人；两个混在法国的富家子弟；以及有着作者自传性质的捉刀人。他们毫无例外全部是生活中的失败者，耶茨也未给他们同情，只是写下了他们的故事，冷静地呈现那些我们时常回避的生活真相。

那么，就让我们好好面对失败，面对孤独吧。

一颗一颗发光的恒星

《克罗诺皮奥与法玛的故事》
作者：[阿根廷] 胡里奥·科塔萨尔
译者：范晔
出版社：南京大学出版社

1951年的某天晚上，阿根廷作家胡里奥·科塔萨尔在巴黎的香榭丽舍剧院听音乐会，突然间脑中冒出一些名叫克罗诺皮奥的人物，这是克罗诺皮奥在这个世界的第一次出现。十一年后，也就是1962年，48岁的科塔萨尔出版了《克罗诺皮奥和法玛的故事》，在这本书里，我们会看到更多关于克罗诺皮奥和法玛的描述，但是纵使读完了整本书，你恐怕也无法准确地说出谁是克罗诺皮奥，谁又是法玛。

这就是《克罗诺皮奥和法玛的故事》这本小书的奇妙之处，它精彩绝伦，却无法用散文、小说这样的体裁加以归类，它篇幅短小，却并不容易读。

《克罗诺皮奥和法玛的故事》在写什么呢？它由“指南手册”“奇特职业”“塑性材料”以及“克罗诺皮奥和法玛的故事”四个部分组成，幽默、荒诞，如入梦境。

“指南手册”里，作者对某些看似无须多言的行为进行了煞有介事的介绍，在《哭泣指南》中，作者写道：“哭泣发生时，应得体地用双手捂脸，掌心朝内。少儿哭泣时应用外套衣袖擦脸，置身于房间的角落处尤佳。常规哭泣时间：三分钟。”在《上楼梯指南》中，作者指出：“上楼时一般应面对楼梯，因为侧身或者背对楼梯进行将产生相当程度的不适。”

“奇特职业”里，作者记录了“一个奇特的家庭”，里面住着的奇特而古怪的人。比如“我的大堂兄”为了“对抗实用主义和追逐功利的可憎倾向”，掘地三尺，拆掉了整栋楼的水管，只是为了找到那根他打过结的头发。比如被恐惧牢牢攫住的姑妈，她整天担心仰面摔倒而不敢移动脚步，从厨房走到卧室足以花费巨大的精力和时间。比如“我们”一家子在别人的葬礼上越俎代庖，在家里养一只老虎，在后花园里建立一个绞刑架。

“塑性材料”充满奇思妙想，作者时而将视角对准那些细微之物，并发现它的荒诞；时而讲述一个寓言般的故事，而你永远也看不懂。比如他写一份日报的一天，怎样被打开，被阅读，被丢弃，再被拾起。他写一把藏在家里的杀人用的扶手椅，孩子们总是淘气地邀请客人坐上去。

“克罗诺皮奥和法玛的故事”则更加有意思，作者在多篇文字中讲述了许多关于克罗诺皮奥、法玛和艾斯贝兰萨的事迹，但很显然，他们仨并不是三个独立的人，倒像是三个物种，在作者的文本里，有很多的克罗诺皮奥、很多的法玛和很多艾斯贝兰萨。科塔萨尔并没有详细地描述，我们只知道克罗诺皮奥是些“绿色又湿润的家伙”，而艾斯贝兰萨是空气中“闪光的微生物”，关于法玛，连这样的描绘也没留下。他们去商店购物，去旅行，去探险，从事医生、邮局职员、行刑队员、无线广播局局长等工作。他们做了很多事情，但实际上，我们对他们一直一知半解。

有人指出，克罗诺皮奥代表的是诗人，而法玛象征着刻板虚伪的资产阶级，不过科塔萨尔自己却说，写这本书只是“一种很迷人的游戏”，我们该信谁呢？

很显然，我们不能完全相信别人的阐释，也不能相信作者。因为科塔萨尔曾说，文学的任务是“为了提出问题，引起不安，为真实的新的前景敞开智力和感觉”。嗯哼，它并不负责给出答案。

整体来看，《克罗诺皮奥和法玛的故事》拥有博尔赫斯小说般迷人的叙述和充沛的想象力，但它不同于迷宫中的叙事，它简单却耀眼，如银河，如太空中一颗一颗发光的恒星，就像卡尔维诺在《看不见的城市》里所做的那样，那些迷人的想象和文字，即使你无法完全理解，但一定会由衷赞美。

记忆里住着一个魔术师，一切就都不一样了

《天桥上的魔术师》

作者：吴明益

出版社：新星出版社

你知道中华商场吗？在三十年前，那是八栋一体的综合商业小区，八栋建筑物分别以“忠”“孝”“仁”“爱”“信”“义”“和”“平”命名。它们之间有七座天桥，其中一座天桥上曾经有过一个卖鞋垫的小男孩，在他的摊位对面，长期驻扎着一个神奇的魔术师。他表演魔术，卖魔术道具，和其他魔术师不同的是，他的魔术是真的。他可以让纸做的小人跳舞，可以让双胞胎合二为一，可以把二维空间的金鱼带到现实世界，他站在天桥上一日一日，走进所有在此处长大的孩子们的记忆，再也不出来。

没有人能确认魔术师真的存在，除了吴明益，70后台湾小说家。在《天桥上的魔术师》这本短篇小说集中，吴明益讲述了九个有关成长的故事。你也许已经猜到，故事都发生在中华商城的八栋建筑和天桥上，九个故事里的主人公在这里长大，有的做了化妆品顾问，有的做了证券经纪人，有的成为性工作者。生活一路向前，唯独童年时代的那座天桥，魔术师，以及依然历历在目的往事，仍待主人公回望咀嚼，不肯在记忆里消失。

在《流光似水》这篇小说里，主人公阿卡是一个模型制作师，他曾为拍摄星战的电影模型制作团队工作，但是现在，阿卡回到台北，发现小时候的街区灰飞烟灭，于是开始了关于这八栋建筑的模型制造，“那四幢完成的商场实在做得太细腻了，以天桥来说，阿卡甚至把天桥地上的口香糖渣都做进去了”，阿卡的记忆把消失的一切都召唤回来了。阿卡的女朋友说：“我跟阿卡在一起十五年，总觉得他好像活在一个梦游的世界里一样，跟他在一起很快乐，也好辛苦。”

小说里，阿卡以模型重塑街区，而吴明益本人，正是通过小说、小说中做模型的阿卡，和一个个长大又离开的人物来集体回忆和重构一个文字中的中华商场。为什么回忆？因为已经消失，湮灭。不止是建筑物，还有那一整个前商业化时代的社会景象，那些挣扎在作坊式商店中手艺人的故事。那时候，锁匠打磨一把锁要花大功夫，人们的手表坏了会拿去修，鞋匠有固定的客源，做衣服的唐先生会源源不断地生产定制西装，眼镜行里仪器像外星制造一样古怪突兀。当然，人与人之间的关系也不一样，邻里之间说的话不一样，小孩成长的空间更不一样。

说到底，这是一本成长小说，不过不是从小到大一路成长，而是如今这般之后的回忆。时间拉开了叙事的场域，故事空间轻盈起来，魔术师正好上场。吴明益说，故事并不全然是记忆，记忆比较像是易碎品或某种该被依恋的东西，但故事不是。故事是黏土，是从记忆不再的地方生长出来的……只有记忆联合了失忆的部分，变身为故事才值得一说。而那些失忆的部分，全部交给魔术师。

于是，我们最终看到的这些小说，拥有那些真诚动人的成长细节，那些童年时光的阔大世界，同时，也拥有神秘的魔幻时刻，某些梦境般的恍然迷离，就像阿卡的女朋友说的：梦游。我们的阅读也如同梦游，轻快，自在，同时也如穿越碎片玻璃丛林般闪烁斑斓，我们身处其中，可明显感受到那些难以名状孤独和失落感，但同时，还有作者的温柔和温暖。

这是吴明益的技巧高超之处。苏童有一本短篇小说集《香椿树街故事》，小说中故事全部以香椿树街为背景，在这本书里，苏童用文字虚构了一条南方潮湿小镇上败坏坠堕的街道，街道上的人和故事，那些从年轻到年老，一代又一代挤在房子里做自己的事说别人好坏的溃烂人生。苏童的文字当然是好的，但是灰色布满了香椿树街，我们一路往里走，最后雾霾深处，什么也看不清。而吴明益不一样，九篇小说，互有指涉，虽然分散但又融为一体，重要的是，《天桥上的魔术师》轻盈。

看完《天桥上的魔术师》，我想起大陆80年代的国营工厂，那些野蛮生长的少年，肯定也有自己的天桥和魔术师，是吧？

一条从英国流向世界的河

《格兰塔》
作者：大卫·米切尔 等
译者：唐江、陶立夏 等
出版社：上海文艺出版社

去年4月份，英国最重要的文学杂志《格兰塔》出了中文版。我后知后觉。今年4月，《格兰塔》中文版出了第二辑。我不想再错过了。

“格兰塔”三个字曾经指的是一条流经英国剑桥镇的河，1889年之后，它同时指代一本文学杂志。这本杂志是一份学生刊物，因资金问题一度停刊。1979年，剑桥大学的两个美国留学生比尔·巴福特和乔纳森·莱维因为对当时文坛沉闷的氛围不满，想要撼动既有的文学格局，接手了《格兰塔》。如此，这本苍老的杂志开始以季刊的形式重新出版，并且焕发出前所未有的活力。

新版《格兰塔》的定位是：新写作杂志。每一期设定一个主题，重点推出英美文坛年轻作家的文学作品。用现在的话来说，它是一本新锐文学MOOK，以主题形式组稿，开发新鲜作者，目标是“让读者免于沉闷；成为英国文化的先锋；用有力、独特、原创的故事来展现”。

前阵子停刊的《天南》恐怕也有这种追求，它们都看重青年作家，并希望将杂志打造为青年作家的阵地，为文坛注入新鲜血液。《天南》夭折了，而《格兰塔》做到了，1983年《格兰塔》首次发布了20位“最佳英国青年小说家”名单，一举走红，此后每隔十年制作一次的“最佳英国青年小说家”专题，已成为《格兰塔》的一大特色。如今我们所熟知的伊恩·麦克尤恩、萨尔曼·拉什迪、保罗·奥斯特、扎蒂·史密斯等作家都是从《格兰塔》起步。

与此类似的，台湾《联合文学》杂志也曾做过“20位40岁以下最受期待的华文小说家”特辑。这样的特辑有一个好处，便是将那些我们平常不容易看到和注意到的新鲜作家集中地在读者面前亮相，对作家们来说是文学成果的一次展现，对读者来说则是一张寻找好作家的版图。

自从《格兰塔》在十年前开始西班牙版的项目之后，十年来，全世界各地陆陆续续已经出版了葡萄牙语、意大利语、保加利亚语、瑞典语、挪威语以及中文的《格兰塔》。不论是什么语言，每一期的《格兰塔》都严格围绕着一个主题进行组稿，这些主题或是地域的，比如“英国”“芝加哥”“俄罗斯”“澳大利亚”，或是话题性的，比如“工作”“性”“医学”“父亲”。

中文版第一期的主题是：不列颠。对于这片土地，《格兰塔》选择了十八位英国老中青三代作家的作品，其中有我们比较熟悉的大卫·米切尔、A.S.拜厄特、石黑一雄、珍妮特·温特森，也有我们相对陌生的威廉·博伊德、哈里·孔兹鲁、杰夫·戴尔等。在文体上，有短篇小说、长篇小说节选、游记散文，也有戏剧剧本、诗歌，甚至图片。

首先第一篇《一月出生的人》我就非常喜欢。这篇小说来自《云图》的作者大卫·米切尔，讲述了一个男孩“魔幻”童年的一角。故事从“我”把圣诞树上的天使挂饰弄坏开始，你我都经历过童年，懂得那时候的心理状态，任何一件小事的后果都有可能导致“我妈和我爸会杀了我”的结果，世界好像随时会覆灭，而我们其实早已比大人们以为的要知道得更多。这篇小说里，“我”在闯了祸之后走进森林的水塘，和十二个男孩一起玩滑冰游戏，并且独自发现了一幢奇怪的小屋，以及小屋里满脸皱纹的老太太，这个老太太让“我”思考起死亡这件事。整篇小说以男孩的视角推进，充满无聊的细节和真实的心理状态。我们每个人的童年里都可能有一幢那样神秘的远古小屋。

雷切夫·塞夫特的《越河之手》同样精彩，虽然我并不具备有关乌尔斯特防卫会的知识。小说将时空分为两个部分，第一部分格雷厄姆18岁，是乐队成员，他正在橙色游行上认识了琳赛，并和她在草地上做了一次，又在房间里做了另一次。第二部分格雷厄姆已是中年，他和琳赛结了婚，故事以儿子斯蒂夫的视角开始。格雷厄姆还在乐队中打鼓，而生活显然已经走到了另一个阶段。

马克·海登的《枪》是一个男人回首童年。那一年丹尼尔10岁，他和同班同学肖恩一起去玩。肖恩拿出了哥哥的手枪，他们到森林里打靶，和罗伯特开始了一场莫名其妙的枪战，并在最后杀死了一头鹿。他们把鹿带回了肖恩的家里，肖恩被哥哥打了，肖恩的母亲将那头鹿肢解，并开始了烤肉。一切都在一种奇怪的氛围里进行，我们和丹尼尔一样敏感、不安，探索着大人和孩童世界的边界，作者随意插入的关于母亲的去世和他一生中的其他未来场景，让一切都变得模糊并带有宿命意味。

除了小说，安德里亚·斯图尔特的《血流成糖》讲述了作者——一个牙买加英国人——的身份认同问题和整个家族的悠远故事，虽然是节选，但也可以看到英国同样面临着种族问题。《家园》则是一组影像集，有照片，有画，在这些图片中我们所看到的不是电视里的不列颠，而是纷乱嘈杂，更为粗糙且真实的英国切片。

这是一本奇异的书，在目录中并没有标明每一篇文章的体类，你要自己一个字一个字地读下去，才会发现，噢，原来这是散文，噢，原来这不是虚构。《格兰塔》不会改变你对文学的看法，但能让你发现更多也许你可能会错过的好作家，这就是所有此类杂志的最大价值。

星期六：让我们保持对世界的好奇，对美的赞许

如果没有好奇心，生命将毫无乐趣。这种好奇不一定非要是对远方的向往，更重要的是发现美的能力。当生命在你脚下绽放，请记得低头。

遥远天边吹来的风

《我的阿勒泰》
作者：李娟
出版社：云南出版集团有限责任公司

这是一本很容易被错过的书，平白无奇的书名——《我的阿勒泰》；并不漂亮的装帧；作者的名字也不响亮——李娟。每个人都遇见过这种名字，可能是你的小学同学，中学同学，高中同学，反正这辈子你总是遇见她，然后忘掉她，它普通得就像李强、张强、王强一样，面目模糊，一抓一把。

要不是之前听说过这本书，绝不会抓起来看（你看，好书就是这样与我们失之交臂的）。我不知从哪得来这么一个印象，这是一个在阿勒泰支教的女老师的散文集，而我的本意只是想看看这个老师到底有什么了不起——我可不止一次听见有人推荐本书。

就这样打开书本，发现完全不是那么回事。这是一个远在新疆阿勒泰，混住于哈萨克牧民中间开杂货铺家庭里的小姑娘。她孜孜不倦地叙述她的生活，那片草原，那些牧场，那些高远的天空，牛和羊，她家的小杂货铺，她乐观的母亲和外婆，那些哈萨克族小孩，蝗灾与河流，时间与季节。她在讲述她的生活，而她的生活这样鲜活而陌生。

是的，陌生在这里起到了一定作用，我们大多数人终日混迹在城市的车水马龙之中，谁见过草原、马？谁在荒野里睡过觉？谁知道零下42摄氏度是什么样子？遥远是动人的风，风中还有香，是她的文字，这就完全要归功于作者，与距离无关，好文字总是一招致命的，看一眼就知道，藏也藏不住。

说李娟的文字好，大概没有人会反对。就像你说董桥写得真是好，大家都说，是啊，是啊，这是两种截然不同的好。董桥是要求读者的，他的文章拒绝低俗肤浅，有着一种典雅郑重的贵族气味，这种味道有点像老旧房子里的尘味，如果你不能欣赏它，就容易被它呛着。

李娟的文字不是这样，它不要求任何人，它自由（董桥的文章像给捆住了一样），像天边一棵树，长在那里毫不在乎，但你一看见它就要惊呼：太漂亮了！这漂亮来自直觉，文字的直觉，有些人写起东西来就是有那么一股子灵气，任何理论也无法捕捉。

当然，光有这股子灵气是不够的，容易耽溺在细节、情绪、自我和文字中，不是不好，只是狭小了。幸好李娟还有幽默，幽默打通关节，活络血脉，文章满身的精神，从头到脚都好看。

阿勒泰牧区，离开现代化，面对荒野和戈壁，没完没了的一个又一个日子，是很容易生出寂寞的。但在李娟的文字中，只有热爱，用个时髦的词，大片大片的正能量，静静蛰伏在书本中，等待每一个读者前来收割。

这不容易，得心胸开阔，还有真诚和天真，前者是一切好书的基础，而后者在越来越多的人身体里消失。天真是什么？天真是对整个世界、万事万物的好奇和相信。

本书分为三个部分，以时间分段，第一辑《阿勒泰文字》写于2007 ~ 2009年；第二辑《角落》，写于2002 ~ 2006年；第三辑《九篇雪》写于1998 ~ 2001年。正如作者在序文中所说，这样的安排可以看到变化，文字的成长。《九篇雪》里的文章更自由，更多情绪，也更松散，前两辑的文章则饱满多了，不仅幽默，而且丰富。

在经验匮乏者的眼中，李娟的阿勒泰怎么有这么多故事，是一个谜。而我相信，是太多的故事在我们身边发生而我们不为所动。太累了，太多焦点，还是别的什么原因？我们习惯于通过镜头、屏幕、别人的叙述来获得信息和故事，而早早丢弃了长在身上的眼睛。

是这样吗？

尘埃中的美好

《冬牧场》
作者：李娟
出版社：新星出版社

李娟的书看着会上瘾，这两天我每天惦记着晚上的睡前时光。洗完澡，静静地躺在床上看《冬牧场》，进入零下三四十摄氏度的冬天，住在阿勒泰南部沙漠中的某处地窝子里，吃羊粪烤出的馕，喝一遍又一遍的茶。早晨起来，把羊群从用羊粪垒起的圈里赶进荒野，把大牛和小牛分开向相反的方向驱赶，以防止小牛在白天把母牛的奶喝光；在漫无人烟的荒野里走上几里路找到一片残雪，用麻袋装好，一步一步地背回地窝子，作为一天的家庭用水。

一开始，我还怕这本书会枯燥无味，因为这和之前的《我的阿勒泰》《阿勒泰的角落》不同，不再是作者将生活中的闪光之处一颗颗收集起来化为文字变成书，而是一次命题作文。李娟在后记里写：本书的起因是参与了《人民文学》的非虚构写作计划。在2010年的冬天，她随一户哈萨克牧民进入冬牧场，和牧民一起生活三个多月，写他们的生活。这是有计划的写作，是准备好了再出发，无论如何，都会让人不放心——会不会最后变成例行公事，完成任务式地做一番大概讲述，从始到终，然后完了？

才翻开几页纸，就知道我多虑了，李娟还是那个李娟，甚至因为有系统的规划，整本书呈现的样貌更为完整和统一。

全书分为四章："冬窝子"、"荒野主人"、"宁静"和"最后的事"。"冬窝子"从头写起，为什么要去冬牧场，和谁去，去之前的准备，三天的行程都一一讲来；"荒野主人"则是写人，她寄住的牧民一家，整个荒野中仅有的一家邻居，噢，还有一只熊猫狗和一只梅花猫；"宁静"和"最后的事"则是将前文没有涉及的素材和领域一一扫尽，不管是访客还是食物，还是置身于广阔无边的寂静中真正的静默和孤独感。

梁文道曾经在他的节目里说，李娟的书，我只能简单地讲，我没办法用太多的评语去评论她，大家只能自己去读。我想，这大概是因为李娟和现行于市面上的散文作品相去太远的缘故，你很难将她分类摆好，我们常用的评论散文的标准和话语体系，在她这里是失效的。

首先，她肯定不是董桥式的散文，不是那种前世明月梦里打捞的风雅旧物人情，她没有华丽到浓艳的文字风格；她不是贾平凹、王安忆这些小说作者的另一只手，她没有那样强的作家气、文人气；她也不是周成林、野夫这样以沉重记忆为材料的冷调叙述；也不是洁尘、毛尖、池莉这类女作家的城市生活小品；不是豆瓣系作者们的文艺气息旺盛。她谁都不是，唯独她一个，她是李娟。她的文字干干净净，有风吹过。

整本书，若非要有所取舍，我最喜欢第二章“荒野主人”。这一章主要写人，而写人是李娟最出彩的地方。在之前的作品里，我们都领略过了她是如何写她的妈妈和那些赊账不还的牧民的。就像我们小时候上语文课老师讲的那样，写人要写事，李娟就是这么做的，把具体的事件、场景、话语、动作用文字呈现出来，人物的性格自己凸显。而李娟会像写小说一样串联这些事件，调节语言的节奏和对话的口吻。最重要的是，她幽默。

很多人，特别是上了年纪的男人，写散文，写着写着就硬邦邦一块，看起来很有文化很有内涵，但它是凝滞的，需要你去啃，而不会流动。李娟的秘诀是，即使在最辛苦的环境中，她也要找到可乐的元素，她乐于自嘲，乐于把生活中最细小的快乐表现出来，乐于发现尘埃中的美好。即使是写牛羊写猫狗都把它们放到平等的位置上来，这不光是技巧了，是心的关系。

冬牧场随着牧民们生活方式的改变，可能不几年就要消失，一种古老的与自然同步的生活步调将在此停止，但谁能够苛责说，你们要留下来，要继续这古老的事业，为人类的文化作一种标本？每个人都向往更好的生活。李娟也表达了对这种改变的怅惘，但她更理解她所相处的牧民，她不是猎奇或游记式地书写，她就生活在那里，那个与世隔绝中的世界。

她用自己的才能传述着遥远的故事，好像一个驻地记者，报告着见闻，但她又哪里是记者，她是真正的作家。

一吹即散的村庄

《一个人的村庄》
作者：刘亮程
出版社：春风文艺出版社

很多人写过村庄。没有人像刘亮程这样写村庄。

村庄是古代文人书写的一个重要题材。不论他是要“归隐”还是“出世”，文人对村庄是有企图的。就像文人山水画，诗文里的村庄，不论怎么看，都是青瓦白墙，小桥流水，竹喧浣女，老树昏鸦。就算切入生活，也是一个院子，几口人；就算有泥土，也是刚翻过的新田，视角总是从外而内。就像你知道的，村庄毕竟是更原始的生命场所，而已经掌握了书写能力和条件的文人大多已离开了这种环境。就像城市学校培训班组织的下乡写生，要的不是生活，而是审美，不是要从此在这里活下去，而是怎样把看到的一切表现出来。

当然，不是一路的青烟袅袅，还有另一种残酷激烈。“五四”之后，中国人的“愚昧”连中国人自己也深恶痛绝，而农民更是被总结出诸多缺点。乡村是暴力和非理性的温床，是迷信的肥沃土壤，麻木、落后，一系列词语重新改写了“村庄”。鲁迅批判过，《鬼子来了》表达过，灰色的调子混进来，鱼米之乡的图画不见了，取而代之的是雨后的稀泥，是灰头土脸，衣衫褴褛。

后来，村庄还有了革命根据地的作用，《地道战》《地雷战》都发生在这里。在这里，农民摇身一变，从愚昧的被改造和批判的对象，一跃成为革命的主体，农民成为了最聪明最有觉悟的人群，而村庄，当然成了战场，阶级和政治从此长驱直入。

再后来，当代的作家书写里，村庄有了越来越多的面相，它是被回忆的对象，是童年奔跑的乐园，也是人性挖掘的重大实验场域。但终究，它还是一副风尘仆仆的样子，“乡土”作为概念被炒热，方言被大范围应用，回头来看，总还是“土”，那“土”味给作品带来了重量，也使它们沉滞。

刘亮程的《一个人的村庄》不一样，它既是从内而外的实在观察，又兼有诗意。刘亮程，1962年出生在新疆古尔班通古特沙漠边缘的一个小村庄黄沙梁，《一个人的村庄》是他最具代表意味的散文作品。在这本书写村庄的书里，他写了“逃跑的马”和“野地上的麦子”，“两条狗”和“两窝蚂蚁”，“一个长梦”和“一顿晚饭”，“好多树”和“一村懒人”……

不是我们常看到的文人式的回忆和描写，不滥情也不故作清远，你可以扎扎实实看到泥土的样子，感受到风沙过境的皮肤疼痛。但是在文字和思想上，刘亮程却离土地很远，几乎要飞上天去。“狗这一辈子像梦一样飘忽，没人知道狗是带着什么使命来到人世”。“每个白天只有老人和狗，守着空荡荡的村子”，“人把雨忘记了”，刘亮程把动物、村庄、树和风全部平等地对待和思考，他将黄沙满天里的一事一物在文字的河水里淘洗干净，焕然一新。

他说“每个村庄都是孤独的”，而他，生活在村庄里的思考者，更是孤独的，我想，甚至多少还有点古怪。他长在这里，但又不在这里。刘亮程的散文最奇妙的地方就是它既重又轻，既实又虚，纯粹的思考加上黄沙漫漫的村庄，创造了一个别然于世界的空间。

舒飞廉也写过村庄，比刘亮程差很多很多。李娟写阿勒泰则是另一种路数，雪山下的风和沙漠的风不同，一种还夹着泥土，一种则万里如空。

骆以军的台北日夜

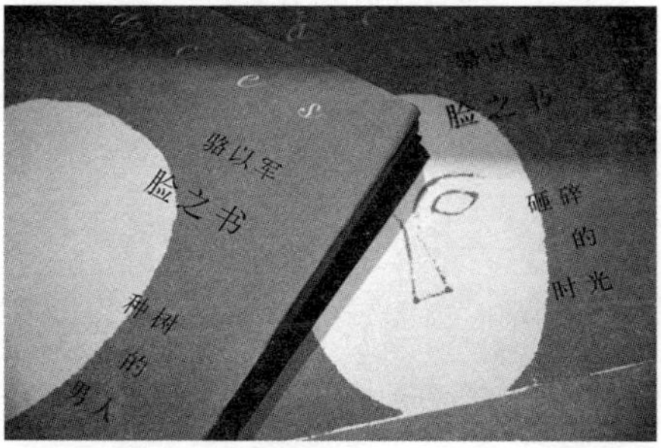

《脸之书》
作者：骆以军
出版社：广西师范大学出版社

《脸之书》刚上市时，骆以军来深圳宣传新书，在书吧做演讲。那是我第二次见到他，第一次是2012年，在何香凝美术馆，他讲了一下午的故事，关于他的中学时光，他父亲的去世，他的各种朋友。他擅长将一个一个故事接连不断地说下去，更擅长用语言拉你和他一起穿越现实，游走在各故事的场景之中。他是真有一点法师气质的，凡经他所讲述的故事，都透着那么一股神秘不可知的气息，他用语言重造了一个世界，故事在讲述中变得如雾如幻，看不真切，但容易着迷。

这一次，书吧，小空间里挤满了人，我坐在人群中，又听一次他的故事。他和一般作家讲座不同，从来不谈观念，不谈方法，只讲故事。从脸书（facebook）开始，讲到和儿子玩开心农场；讲到那些已经消失在他的生活中，但曾经存在着的故人朋友；讲迷狂于收集“二战”德军装备，但在生活中毫无建树的他的哥哥；讲在按摩房里听来的故事，和讲故事的那些按摩女孩……

如果你看过他最著名也是写得最好的《西夏旅馆》，并且是大陆版，那么你肯定看过那个附赠的名为《经验匮乏者笔记》的小册子。骆以军在台湾是“七年级生”，也就是“60

后”，没有经历那些最动乱最剧变的时代，也不像朱天文、朱天心、张大春这一代紧接着白先勇那一代占据了台湾文学主流，他从出道就在张大春的影子下，辛苦耕耘了许多年，才终于渐渐被看见。

到如今，一方面文学的时代真的在全世界退去了，另一方面他和我们这代人面临的是同一个问题，即经验的匮乏。他克服这一困难的方法，最为传奇的是在练习写小说初期，曾一本一本地完整抄书。另外，就是在各种现代传媒上寻觅和捕捉故事，在现实生活的狭小境遇中，尽量挖掘得够深。

他真是捕捉故事的高手，不管是从报纸上看来的都市新闻，还是电视里没头没尾的片段，抑或是电影、小说，他自己品咂得津津有味，写出来，你必有同感。在上下册两本《脸之书》里，骆以军将各种都市境遇和自己的生活，那些没头没尾的你我他的故事，不加区别地放进文字。与一般我们常看到的文艺专栏“我朋友的故事”不同，骆以军的这批故事，有一些明显就是小说的雏形，有一些明明白白看得出是自己的生活，还有一些夹在这两者之间，难以区分，他也没有刻意限制这些文字的形式，并且常常“随意”地使用各种人称代词，让语义更加模糊，当然，同时故事也变得更为迷人。

骆以军是以小说家为志业的，自从《西夏旅馆》之后，还没有另一个长篇出版。他自言《西夏》消耗太多，必须从头来过，最新写的《女儿》，值得期待。那么回到《脸之书》，这些为专栏写的文字，正是在小说的空隙里发展出来的，没有小说那样的精巧结构，但由于字数少，体裁自由，反而可以容纳更多东西。当然，结集起来看，其完整度和精致度都不够高，但如果你喜欢骆以军特有的繁复文字和叙述方式，那么这本书，作为枕边读物倒很相宜。

最后再扯一下骆以军的风格，如果你看惯了中文常见的样貌，看惯了董桥、周作人那样的散文，对骆以军这种一个句子长到没边，词语修饰繁复无度的样子，可能会不待见。但倘若读下去，也会有另一种快感。前者是秩序的美，是克制、简洁的美德；而骆以军的文字无度，但自由，禁忌少，怎么表达爽怎么来。不管形式如何，写得好，我都爱。

普通观众韩松落

《为了报仇看电影2》

作者：韩松落

出版社：上海三联书店

《为了报仇看电影》是一本普通观众写给普通观众的书，一次普通观众间的对谈，与电影相关，却也不只是电影，或也谈时代、谈历史、说八卦，甚至各种细小的由影像勾摄出的情绪。是通过电影来回望生活。

伍尔夫在她著名的随笔《普通读者》中论述了相似的概念，她说，普通读者“没有那么高的教养，造物主也没有赏给他那么大的才能。他读书，是为了自己高兴，而不是为了向别人传授知识，也不是为了纠正别人的看法”。电影也一样。专业的电影评论者在乎的总是电影的摄影方式、场面调度、电影风格，以及它们在影史上的地位，他们不关心或者鲜少去关心一个普通观众为什么去看电影，而又为什么要看影评。

为什么看电影？除了“向庸常的生活报仇”之外，在《为了报仇看电影2》中，作者韩松落给出了更为细致的答案，他说，因为“电影让人生加速，让时间在各种情节、经验、景观中变得浓密，而不是那么荒芜和漫长”。

没错，我们看电影不是因为它在影史上如何成功，不是因为它运用了多少先进的科技手段，场面调度如何厉害，有着怎样一个精彩的长镜头。不是，都不是，我们看电影，要看的，终究还是那些故事，那些故事中的人物和生活，他们的希望与绝望，愤怒和开心，并借由他们的经过，拓展我们狭小的生存边界，获得更多的可能，从而丰富自身。

我们又为什么要看影评呢？电影学者李洋说，因为影评能像天气预报一样为我们的观影提供预先选择；另外，“影评是电影的延伸部分，它把电影的韵味和价值清晰地展示出来”。影评能扩充电影无力表达以及观众无法理解的部分，打通电影与观众的回路，像一架桥，但桥可以是赵州桥、金门大桥，也可以是独木桥。

做桥的风险很大，韩松落不做桥，他做一名普通观众，他说他看过的这部或者那部电影，这部电影讲了一个什么故事，那部电影有什么样的迷人之处。他不端着身份，不甩出听不懂的专业名词，他“用感性的笔触，既评论电影，又不落俗套地只是关注电影本身，他更关注历史、文化风俗、人性等电影‘衍生物’”，关注生活。

话虽如此，韩松落却又不仅仅是一名普通观众。普通观众看到的，他看到了；普通观众没看到的，他也看到了。他不仅看到，而且能够联想、思考、消化，最终以文字的面目将“这些想法、意见记录下来”。

他不普通在他看得多，读得多，想得多，而且写得好，写得深刻，写得低回。看得多自不用言，从《为了报仇看电影2》附送的小册子收录的两本《报仇》里提到的电影名录，就可看出。关键还不是多，而是能够打通，将这些电影变成自身经验的一部分，在文章里随意调用。因为不是对一部电影的评论，而是感受和随想，所以这打通不仅局限于电影之间，所以杂树生花，书本引用寻常可见，八卦掌故亦是信手拈来。

他的写，则是将这些知识储备乾坤大挪移，化到文章里去，并且用得自然、贴切；是将电影作为经验，谈电影里的白T恤、老板娘，谈恐怖片里的杀人动机、死亡顺序，他不对电影作评判，而是将它作为一个厨房，他随意出入，任意撷取，再做到自己的文章里。

触感是温柔的，口味是清淡而俏皮的。不是正餐，是下午茶，是一群朋友久而未见，绵无绝期的闲谈，这一榔头，那一棒槌，没有特别的主题，亦不考虑什么重点，感觉却是熟悉的，舒服的下午。

他写李安时说，“注重叙事、政治的、富有现实逻辑的是‘男性的’，注重情感的、伦理的、富有诗意逻辑的，是‘女性的’。而真正的牛人，则在‘男性’和‘女性’里取得平衡”，“世界在他那里是和谐的，男女各取所需，谁都没有被冷落”。我想，这不妨也可作为韩松落的自证，他的文章，也在现实和诗意中、叙事和情感里取得了平衡，所有的普通观众各取所需，谁都没有被冷落。

《扪虱谈鬼录》
作者：栾保群
出版社：上海文艺出版社

鬼这种东西，不同于西方的魔鬼，也不是神，不是妖怪，是中国人对生命死亡后的另一种安排。在我们老祖宗的想法里，那不过是要去过另一种日子，好像一次迁居。从阳间到阴间，阳宅到阴宅，依然市井生活，有诉讼官司、冤屈不平，有爱恨纠葛、坑蒙拐骗，有食色性欲，有温良善恶。

那个世界和现实世界并行不悖，但有时也会活人见鬼，那就要产生鬼故事了，所谓鬼故事，就是人遇见鬼的故事，说的是鬼，为的还是人。

这些故事属于“四旧”，曾经被批判和禁止，科学成为新的“迷信”后，鬼就只有靠边站了。虽然我们还残留着一些往日习惯，清明扫墓，烧纸焚香，但它只是习惯，或曰民俗，力量很微小，不再占领我们的大脑，顶多被编排进火车上的劣质报纸。在往昔，它可很被文人们宠幸，编写了好多书呢。著名的有蒲松龄老师的《聊斋志异》，袁才子的《子不语》，纪晓岚同学的《阅微草堂笔记》，《幽冥录》《博异志》《搜神记》等也很不少。现如今，除了中学生们还热爱给校园制作一点恐怖传说之外，鬼的生存空间实在是越来越小了。

这几天看栾保群的《扪虱谈鬼录》，对鬼的兴趣大大增加。从名字便可看出，书里讲的是鬼，但不是故事辑录，而是正儿八经地谈。他谈溺死鬼、吊死鬼，谈伥，谈僵尸，谈鬼要不要吃饭，鬼会不会死，阴间有哪些景观，归煞到底是怎么回事，也谈冥界的生死簿籍，鬼的户口问题等。好像一本鬼知识指南，却又不是教科书的味道，而是瓜豆棚下喝茶时的闲谈，有文人雅趣，却不酸腐，实在是了解鬼世界的好材料。

知堂老人在《水里的东西》中，揭明过说鬼的用心，“我愿意使河水鬼来做个先锋，引起大家对于这方面的调查和研究的兴趣”。七十年后，终于有一位栾保群，可以让知堂老人稍稍宽心了。

第一篇说的就是淹死和吊死的鬼，这种鬼和虎伥一样，都需寻个替身方可投胎转世，这类记载旧书里很多，故事颇具传奇性。为何有此一说，经作者分析，原来是为了提醒世人不要轻生，否则做鬼也痛苦。讲的是怪力乱神，关心的却还是世道人心，实在是用心良苦呢。

书中专有一篇介绍“阴山八景”：鬼门关、奈何桥、剥衣亭、望乡台、恶狗村、血污池、破钱山和孟婆店。和现实世界的景点一样，处处都有典故，处处都有来历，然而关于鬼的世界，我们却一向矛盾。本来按照传统，人死之后，既成鬼，鬼在阴间住着，除了有随着时间流逝而慢慢消散的危险外，并不会投胎转世，这轮回转世之说，是从佛教里头来的。然而有了轮回，鬼依托坟墓的老思想却还没有消，每年七月半还是要烧钱上香。试想一下，如果祖先都投胎去了，这钱是要烧给谁呢？这一层，我们可不管，投胎是要投的，钱么，还是要继续烧，糊里糊涂，哪样都不耽误，倒真是中国人的处世哲学。

说回书本，作者博闻强识，对各种鬼故事颇有研究，典故信手拈来，虽则说的是故鬼，作者笔锋一转，也常带到今事，读起来辛辣有趣。我们如今对鬼的热情是断了，现代性的鬼故事，一是各种故事会里的都市传说，代表者可算香港电影《阴阳路》；二是笔仙和蝶仙，倒是直接继承了“樟柳神”的精髓。知道了樟柳神的故事，再去看孔飞立的《叫魂》，就更能体会那种“妖术恐慌”的背景，这倒不能说谈鬼无用了。

让我们保持对世界的
好奇，对美的赞许

《迷蝶志》

作者：吴明益

出版社：中国文联出版社

在去香港的地铁上读完了吴明益的《迷蝶志》，站在车厢人群中，沉入书本，与作者回到台湾，在校园与山林间，在城市与海岛中，邂逅大白斑蝶、细蝶、琉璃带凤蝶、小紫斑蝶……那么多我不认识的美丽生命，与我们共处一个地球、一个城市、一座海岛、一片土地，但我们不会注意到它们的繁衍、流转、迁徙和灭绝，不会在意，不会为它欣喜，为它伤感。并非我们铁石心肠，只是被现实磨钝了眼角，失去了小时候发现世界的好奇，失去了感知生命本身美丽与壮大的能力。

这一切，正是《迷蝶志》给我的最深感受，它让我忽然了解，自己已经多久没有蹲下来研究蚂蚁，没有抬起头看飞鸟流云，没有去注意蜗牛的足迹、蝉鸣的方向，在一日一日的重复工作中，好奇心逐渐委顿，感受力日趋颓靡。有时候，你我都应该停下来看看云，看看树，看看沙子和石头，看看这个地球，然后赞美生命，它们是如此美丽而令人着迷。

《迷蝶志》是我阅读吴明益的第二本书，第一本是前面提到的短篇小说集《天桥上的魔术师》。在那本书中，吴明益用长着翅膀的轻盈故事重建了曾经连接着台北中华商场八栋大楼之间的天桥，天桥上的魔术师，以及那个曾经在天桥上卖过鞋垫的他自己，和那一整个被时代抛弃的人群。那是一本迷人的小说集，它讲述成长，忧伤而不哀戚，回忆中弥漫着幻想和童趣。那本书出版于2011年的台湾，《迷蝶志》比它早生11年。

2000年，刚刚满30岁的吴明益已经出版了第一本短篇小说集《本日公休》，但一直没什么人关注，直到《迷蝶志》的推出，才大放异彩，当年即获得台北文学奖、《“中央日报”》十大好书奖。据作者自己讲，迷恋蝴蝶，并非是从小养成的爱好，一切发端于一次昆虫展。当时他刚刚大学毕业，服完兵役考上“中国文学研究所”，因工读受训而在昆虫展当临时解说员。在长达一个月的展期中，他第一次看到一只红粉蝶的蛹化过程。而那只可怜的红粉蝶，立即被另一位解说员捏晕了收进三角纸里，做标本。

这让他体会到蝴蝶的美，也让他发现了人们惯常的对待蝴蝶的态度。有很多人收集蝴蝶标本，放在家里，挂在墙上，作为战利品，或者装饰，但吴明益说，“蝴蝶在于我是一个多变的生命，而不是生‘物’”。对待蝴蝶，要去感受，去相遇，而不是去捕捉，去控制。

一开始，吴明益也收集过蝴蝶标本，但渐渐地，他放弃了这种与蝴蝶相处的方式，他并不视蝴蝶为商品，不把它们当作研究对象，他只是“醉心于蝴蝶这种美丽的生命”，他选择了另一条接近蝴蝶的路径——直接走到它们身边。他在校园里观察蝴蝶，蹲在草丛中，看起来像个傻瓜。他到森林里去，去郊外，去海岛，“以一个朋友的姿态，用眼睛、望远镜及相机对蝴蝶表达我的迷恋”。

虽然整本书都在写蝴蝶，各种蝴蝶，但不要以为这是一本百科式的植物图鉴，或者报纸上的自然主题专栏。它不是说明文，吴明益写的是他与蝴蝶的相遇，有蝴蝶，也有他自己。我最喜欢的两篇文章分别是《死蛹》和《忘川》，都不是简简单单写蝴蝶。

《死蛹》的主角是一只大凤蝶。朋友I.K对昆虫产生了兴趣，兴奋地告诉作者在自家阳台的橘子树上发现了一只蝶蛹，邀作者去看。在城市里发现蝴蝶是很难得的事情，因为这里对于蝴蝶来说，难以发现食草，时时有饿死的危机。这蝶蛹不知是哪一只蝴蝶迷途于城市时留下的血脉，更不知道那只蝴蝶后来怎么样了。作者细细观察这只蝶蛹，讲述关于大凤蝶的故事，忽然发现了真相，这是一只死蛹，一只永远不会有蝴蝶飞出来的蛹。

《忘川》的迷人在于它文本的丰富性，作者不仅介绍了玉带荫蝶的故事，关于欧罗巴的神话，还穿插了几个朋友的故事。他们迷失于生活的“哀悼原”，这好像和蝴蝶没有什么关系，但正是这看似无关的小故事，延展了文本的空间，使它变得迷离动人。最后，作者说出，忘川并不仅仅是这些朋友渴望到达的地方，还是蛇目蝶中一个庞大的属族，Lethe属。蝴蝶与我们，有很多隐秘的联系。

读完这本书，我知道我不会变成另一个迷恋蝴蝶的人，我不会去野外看蝴蝶。但是，迷蝶不仅仅是蝶吧，它还可以是鸟，是植物，是石头。吴明益通过这组文章带来的不是知识的增长，而是一种启发——让我们保持对世界的好奇，对美的赞许。

即使远隔重洋

《查令十字街84号》
作者：[美]海莲·汉芙
出版社：译林出版社

看到一则新闻，题目是《“中国最大邮筒”北岸九号码头邮筒将拆》。本来作为中国人，拆哪里都不会奇怪，只是新闻看下去，对这个大邮筒的设立很感兴趣。原来，这个邮筒是广州亚运会时修建的，号称能容纳500万封信，原计划邮筒将在30年之后开启，信件也会在30年后寄出。

这个巨大绿色容器，将时间舒展拉长。我们一句话说出，30年后才会到达对方的耳朵。不论是告白还是忏悔，感谢还是道歉，到那时，寄信者和收信者都早已步入不同的人生轨迹。一封从过去寄来的信也许会打乱一个人的生活，但更多的可能只是让回忆重又翻滚，而看完信后，无论是遗憾还是无奈，后悔或是感动，一切大都无可改变。正因此，才有了一种微微的悲凉和美意。

话说寄信这件事本身就和时间关系深厚。古时候交通运输落后，游子在外，一封信几个月后才能送到家中，而这延迟的时间和等待，正一点点地加重乡愁滋味，如此才会有“家书抵万金”的抒怀，才会有那么多诗人，走向远方，怀念故乡。时间让写信和寄信这件事变得有了重量和质感，有了温度。

当然，写信已经是上个世纪的行为，快捷的通信技术让我们和亲人、朋友之间的联系更为方便，但也让一种古老且美好的交流方式随之走进历史。特别是当你读到一本好的书信集时，不自觉便会产生给远方故友写信的冲动，但最后往往什么也没有做。

我们常见到的书信集，比如《两地书》，比如《亲爱的安德烈》，比如《爱眉小札》，比如最近新出的几本张爱玲通信集，不是亲人之间，就是情人或者友人之间，因为这些关系中才有情愫牵扯，才会有动人的体贴和关怀，有我们所愿意见到的剥去现实外壳的人心。

但还有一本被称为读书人圣经的书信集不在此列，写信双方此前完全不相识，而且最后也没能见面。但这一段长达二十年的书信往来，不仅在他们的生命中无法抹去，在世界范围内的书信文学作品中都占有重要地位。这就是著名的《查令十字街84号》。

1949年10月5日，美国女作家海莲因忍受不了纽约昂贵庸俗的古旧书店，便按照《星期六文学评论》上的地址，给位于伦敦查令十字街84号的马克斯与科恩书店写了一封信，求购一些绝版图书。

这是一次普通的邮购订阅，还记得贝塔斯曼吗？差不多就是这样吧。很快书来了，海莲喜欢得不得了，双方来往逐渐增多，但也都是买书和寻书的正常通信。海莲是个连付账和找零都搞不清楚的美国女人，而且脾气颇直。马克斯与科恩书店的经理弗兰克除了无微不至地满足她的购书要求外，还得为她准备英镑和美元两种发票。如此贴心服务和交往日深，写信时偶尔也会夹带一些生活琐事。

五十年代初期的英国，百废待兴，物资实行配给制。海莲从美国给书店的店员们寄来火腿、鸡蛋和香肠。弗兰克在英国各地奔波，为海莲寻觅难得一见的珍本。这种交换让彼此的关系更进一步。日子一天天过去，写信也真的融入到生活之中。海莲想要去伦敦看看书店看看弗兰克，但却因为牙痛而未能成行。

最后她收到一封信，被告知：弗兰克于1968年12月22日病逝。接到信，海莲赶到查令十字街84号，终于走进了这个即将被拆迁的马克斯与科恩书店，可是与她通信的人已不在。此时，距离她第一次给这里写信，已经过去了二十年。

这样的故事因为跨越时间、空间但最后却缘锵一面的遗憾成为永恒。读书人谁不希望有这样一家能满足一切要求的书店，有一个可以帮助自己找书并且交流心得的掌柜？查令十字街84号，现在的店面已是一家酒吧，但每年仍然有无数从世界各地赶去朝圣的读者，想要更为接近地感受这个故事。

因为已经不存在，所以更加被怀念。就像每年的四月一日，大家不约而同地想起张国荣，爱书的人们一代又一代，也一定不会忘记这一段深浅相宜的交往。

一粒沙的世界

《万物静默如谜：辛波斯卡诗选》
作者：[波] 维斯拉瓦 · 辛波斯卡
译者：陈黎、张芬龄
出版社：湖南文艺出版社

写诗已经被边缘，读诗也多少被看作不合时宜。它既无法提供小说式的故事体验，也无法丢出见血封喉的观点，不会清清楚楚地讲明白一件事，有时候你甚至不知道作者是在抒情还是在放屁。所以，不如不读，就让诗见鬼去吧，那都是些无聊的玩意。

我以前也这么看诗，对那些分行排列的句子毫无耐心，刚放到我眼前，就一把扫开。直到不久前读黄灿然的《奇迹集》，才发现原来诗并不只是无节制的抒情。在《奇迹集》中，我看见诗意——一种难以叙述的感觉——在现代都市生活中被悄然捕捉，燃起了我对整个迷雾王国的好奇。

我试着一步一步地接近它。

关于诗，我承认我知之甚少。

但，我终于开始读诗了，在这个后青春期时代。

这次读的是辛波斯卡的《万物静默如谜》。本书收录了辛波斯卡各个时期的诗作七十五首，由台湾著名诗人陈黎和张芬龄翻译，于2012年8月在大陆出版，出版时离作者去世只相隔六个月。

1923年，辛波斯卡出生在波兰小镇布宁，8岁时移居南方古城克拉科夫，直至2012年2月去世，她都待在那里，接受国家和时间的一切变化，不介入政治，只是静静写诗。从1945年3月发表了第一首诗作《我追寻文学》以来，她陆续出版了十二本诗集，但令人震惊的是，其诗歌总量却不过一两百首，甚至赶不上有些诗人一年的产量，但就是这一两百首诗，让她在1996年获得了诺贝尔文学奖。

她在诺贝尔文学奖的演讲中说道："在字字斟酌的诗的语言里，没有任何事物是寻常或正常的——任何一块石头及其上方的任何一朵云朵；任何一个白日以及接续而来的任何一个夜晚；尤其任何一种存在，这世界上任何一个人的存在。"

如此，她不轻视任何自然的造物，而将它们平等地对待，她悲悯地看待这个世界，但又和这个世界保持着恰当的距离。在她眼里，自然好好地发生，本来与人无关，一粒沙不需要我们的审视和触摸，窗外的风景兀自美丽，不需要我们欣赏，浪花不介意单数或是复数，而天空本无天空，落日也未曾落下。

这样的主题在《俯视》中再次出现：

泥巴路上躺着一只死甲虫。

三对小脚小心翼翼地交迭于腹部。

不见死亡的乱象——只有整齐和秩序。

目睹此景的恐怖大大减轻了，
绝对地方性的规模范畴，从茅草到绿薄荷。
哀伤没有感染性。
天空一片蔚蓝。

为了我们内心的宁静，它们的死亡似乎比较肤浅，
动物不会消逝，只会死去，
失去——我们希望相信——较少的知觉和世界，
留下——我们觉得似乎如此——不怎么悲剧的舞台。
它们卑微的灵魂不会出没于我们的梦境，
它们保持距离，
安分守己。

所以这只死掉的甲虫躺在路上，
无人哀悼，在阳光下闪闪发光。
瞄它一眼总会引人思索：
它看起来一副并未发生什么大不了事情的模样。
重大事件全部留给了我们。
留给我们的生和我们的死，

一个重要性被渲染和夸大的死。

她不止在一首诗里描写天空、云朵、石头，她写《植物的沉默》，写《与石头交谈》，两首诗分别发表于1962年和2002年，但它们的主题贯彻始终：和你们交谈虽然必要却不可能。饶是如此，它仍然对自然之物倾注热情。

她也写日常事物，写衣服，写履历表，写电影，画作，但不像黄灿然的《奇迹集》，同样是写日常事物，黄诗往往是照相似的切片捕捉，把转瞬即逝的诗意定格下来。而辛波斯卡不同，她不是发现，而是观察，不是定格，而是提炼，她的诗更加严肃，更加深刻，也更加广阔。

她善于呈现某种关系，令人哑然的令人熟视无睹却发生在我们周围的关系，在1962年出版的《盐》里有一首《不期而遇》，我们可以看到她如何运用想象力把词语连缀得精确有力，用自然的意象把时间流逝后老友相逢的境况表现出来：

我们彼此客套寒暄，
并说这是多年后难得的重逢。

我们的老虎啜饮牛奶。
我们的鹰隼行走于地面。
我们的鲨鱼溺毙水中。
我们的野狼在开着的笼前打哈欠。

我们的毒蛇已褪尽闪电，
我们的猴子已摆脱灵感，
我们的孔雀已宣布放弃羽毛。
蝙蝠——距今已久——已飞离我们的发间。

在交谈中途我们哑然以对。
无可奈何地微笑。
我们的人
相互都不会交谈。

在紧接着的《金婚纪念日》一诗中，寥寥数语，就把婚姻在时间里浸泡之后的样子表现无疑：

性别模糊，神秘感渐失，

差异交汇成雷同，

一如所有的颜色都褪成了白色。

她描述一个场景的能力并不比杰出的小说家差，在《恐怖分子，他在注视》中，她一点点让时间在炸弹发生之前倒数，而一个个人物正在这短暂的时间中被安排与我们会面，紧张的气氛正在聚拢，她像一个冷静克制的导演，坐在监视器后，冷冷地注视着一切：

酒吧里的炸弹将在十三点二十分爆炸。

现在是十三点十六分。

还有时间让一些人进入，

让一些人出去。

恐怖分子已穿越街道。

距离使他远离危险，

好一幅景象——就像电影一样；

一个穿黄夹克的女人，她正要进入。

一位戴墨镜的男子，他正走出来。

穿牛仔裤的青少年，他们正在交谈。

十三点十七分又四秒。

那个矮个儿是幸运的，他正跨上摩托。

但那个高个儿，却正要进去。

十三点十七分四十秒。

那个女孩，发上系着绿色缎带沿路走着。

一辆公交车突然挡在她面前。

十三点十八分。

女孩不见了。

她那么傻吗？她究竟上了车吗？

等他们把人抬出来就知道了。

十三点十九分。

不知怎么没人进入。

但有个家伙，肥胖秃头，正打算离开。

且慢，他似乎正在翻寻口袋，

十三点十九分十秒，

他又走进去寻找他那一文不值的手套。

十三点二十分整。

这样的等待永远动人。

随时都可能。

不，还不是时候。

是的，就是现在。

炸弹，爆炸。

虽然身为女性，辛波斯卡却很少写情诗，很少将笔墨放置于直接的情感表达中，而是退后一步，上升一米，看透人生和时间，在日常之中萃取精华。她虽然经历动荡的时局，但也未把诗歌作为政治的舞台，仍然一心一意地描写自然，那些不被看见或被忽略的微小、喑哑之物，用文字把它们的灵魂一一唤醒。

读辛波斯卡，会更加发现诗和其他文体的不同。诗，它永远打开，像一间空阔无边的建筑，没有门窗，因为处处都是门窗；没有天花板，因为天空和云朵就是天花板；它是透明的，你可以进入它，被它包围；它不急于和你发生关系，没有人邀请你吃一碗水，或聊一会天，你自己坐坐，坐够了便回家去。然后你会再来，好好地再坐一坐，渐渐地，世界才开始在你眼前清晰，原来空白的墙壁满布秘密，原来，一砖一瓦都是世界。

它是空的，却那么满。

生命如歌，我们寻路而来

《我是你流浪过的一个地方》

作者：海桑

出版社：新星出版社

海桑生长在太行山一个叫万桑村的地方，和所有的年轻人一样，读书考试，上大学。也和许多文艺青年一样，在大学时迷上了诗歌。然而和很多人不同的是，他想要当一个真正的诗人，于是去北京，流浪，写诗，活在穷困潦倒中。

他计划用三到五年的时间，写出中国一流的诗歌，并在近十年时间，卖血三四十次，为诗歌献祭。然而，一切的疯狂和热情，最后什么也没有得到。女友离开了他，他回到故乡河南安阳。不久之后，父母双双病逝，他冲进一座山中三十多天，再下山，变成了另一个人：正常工作，结婚生女，买房过日子，不再把诗歌放在生活的对立面。

这些经历，在诗中不可能看得出来，它们全部来自于央视主持人张越对海桑的访谈。2002年，张越读到海桑的诗，深受感动，奔赴安阳，与海桑会面并制作了一期节目《张越访谈·生命如歌》。后来，她又帮助他出版了诗集《我是你流浪过的一个地方》。

这是一本没有标价的诗集，在正规书店没有销售。《读库》的主编张立宪辗转联系上海桑的时候，他家里竟然还存着四百本诗集没卖完（总共只印了一千本），于是老六（张立宪）把存货放到了读库网店，很快这批书销售一空，并且随着口碑传播，想要这本书的人却越来越多，于是，重新编排，2012年新星出版社出了新版。

我手上拿着的，就是这一版。

和一般的书相比，这本诗集小了许多，纸张只有32开大小，做小说不行，用来盛诗，却是再好不过。随时拿在手里，放进口袋，也适合流浪的人带在身上。纸张不是光滑的白色，而是微微泛黄，书皮上淡淡画着树木、田野和森林，“我是你流浪过的一个地方”几个字像一枚章深深地印在书皮上，犹如一个重重的承诺。

这本诗集收录了海桑诗一百五十七首，除了和书名同题的《我是你流浪过的一个地方》长达二十四节之外，其余大多是短诗。《我是你流浪过的一个地方》是海桑比较著名的一首爱情诗，我怀疑不是一次写成。整首诗从爱情的开始，到情人的分离，有相识的喜悦，也有失去后的失落和感伤，海桑用温柔的诗句，一字字写下了这番相遇。

这首诗的第一节：

在同一个一百年里，你来了我来了

——不早，也不迟

在同一朵云彩下，你看见我我看见你
——不远，也不近
你就在那儿，有树有水
所以，我爱你。

以上，大致已经可以看出海桑的质地：简单，清澈，不用复杂的句子，不用生僻词，不大口大口地抒情，不凝滞起来像一块石头，他的诗句是森林里流下来的小溪，阳光照在水面上，微波粼粼，底下还有细小的鱼；他的温柔，像月光一样，悄悄洒满整座森林。

《我是你流浪过的一个地方》出现在诗集的中间，再往后，还有一些爱情诗，如《爱情是病》《你一定还想过有别的女人》；还有一些写女儿的诗，如《女儿说》《我看见我的女儿很好》；也有一些关于历史的短诗，像《奥斯维辛》《司母戊鼎》；一些关于诗人和诗歌的诗，像《想起李白》《前年诗歌和我》。

这些诗都很好，但我更喜欢的是诗集的前半部，那些关注生命、死亡、时间、老去、亲人、自然、树木的小诗，它们大多不长，但意味深远；它们的字里行间住着一个孩子，一个长不大的，充满好奇，同时也任性的孩子。是的，有些时候，我会想起顾城。

顾城早期的诗里有着相似的主题，并且也都不长，重要的是他们的诗中有一股风，透透的，从最纯洁的地方吹过来，吹到树木小花间和草地上，吹到春天和冬天，这股风，有人称之为灵气。

海桑的诗中不仅有灵气，还有一种宽阔的虚无，装下所有的生死。他说《我不会活得太久》《我的生命只开一次花》，他说，“等我死了，就把我葬成一棵树吧”，他说，《我没有四海为家的想法》《我有足够的时间来吃一只苹果》。

他写：看来我是真的喜欢生命/哪怕父母都死在了里面/哪怕是在我恨它的时候。

他写：可我多想让自己是一棵树/一个不成材的树/长美丽的叶子，开漂亮的花/一年年没用的站在那儿/有阳光、空气和泥土就够了。

他写：穷过了，富过了，生病过了/这样很好。我不羡慕别人和别人的生活/不羡慕童年，不羡慕年轻的时候……年轻过了，恋爱过了，还没有死过/所以，我等着它打马过来。

也许，因为他是土地的儿子，所以和自然和山和水这么亲，写出那些句子，一点不难堪，也不矫情。是的，他是土地的儿子，苇岸也是土地的儿子，但苇岸肯定是大儿子，一棵大树，而海桑是小儿子，一只蝴蝶，或者一条小溪。

看海桑的诗，可以看到很多我们不曾注意不再去想的美好事物，也会看到很多我们同样面对的问题，除了生死、老去，还有和家人的关系。

我很喜欢这首《爷爷是个老头》。

打我记事开始，爷爷就是个老头
他那么老，好像从来不曾年轻过
他那么老，好像生来只为了做我的爷爷
可我从未认真想过他有一天会死
我总以为，一个人再老，总可以再活一年吧
然而有一天他还是死了，就像土垛的院墙
风雨多了，总有一天会塌下来
没了。完了。
他的一生我也知道得很少
他说过一些，我记不大起来
就像他爱我很多，我只是喊他爷爷

相似的主题，他还写了姐姐。情感在血液里流动，却无法在语言和行动中表达。

看海桑的诗，可以不用再自嘲，不再故作虚无，而大声地高喊一句：生命如歌。

他在《我的心是座城堡》中写：

我的心是座城堡
周围是遍地野花
如果我养起马群
会有人寻路而来

是的，生命如歌，我们寻路而来。

Chapter 3 星期天，出去逛逛独立书店！

syphe
& Booart
are trying to have your
attention
William Morris
Father of Modern Design and Pattern
text by Hiroshi Unno
A&I
COMPETITION
THE GLOBAL BRAI

每一座城市都有自己的风格，而书店，就是读书人心中的城市地标。在书店里，你也许遇到了一个影响自己一生的作者，可能邂逅了一段美好的爱情，都是记忆。在中国的独立书店里，有那么一些，可以代表一座城市。住在这座城，没有到访过这些书店，当然是遗憾。所以，不妨在星期天的午后，放下书房的书，去逛逛各地的独立书店吧。

北京

三联韬奋书店

地址：北京东城区美术馆东街22号

微博：@三联韬奋24小时书店

北京三联韬奋书店是生活·读书·新知三联书店在1996年成立的，以生活书店的创办者邹韬奋先生的名字命名。三联韬奋书店经营全品类图书，但以社科、学术类书籍为主。2011年书店改革后，引入了咖啡馆等新型经营模式，更贴近年轻人的读书习惯，在品质把控和市场化经营间找到了平衡。2014年改为“24小时不打烊”书店，更是深受读者喜爱。

单向空间

地址：七圣中街12号爱琴海
购物中心3层3025室
微博：@单向街图书馆

2006年，许知远、吴晓波、张帆、于威等十三位媒体人共同出资创立了单向街书店，“单向街”这个名字取自德国思想家本雅明的同名著作。由于书店的股东们自己都是作家、媒体人或者诗人，故而书店的文化沙龙办得风生水起，单向街也已渐渐成为北京的一个文化地标。另外，近两年单向街在新媒体领域的发力，使它成为了一个极具生命力的文化综合体。

时尚廊

地址：朝阳区光华路时尚大厦
2层L214号
微博：@时尚廊

时尚廊一向以别处难以寻到的外版设计类图书闻名，书店装修以白色为主，整体呈长廊状，风格极独特，很多电视剧都曾来这里取景。他们在选书方面很具有自己的特色，门口还有杂志区，也是以时尚设计为主要方向，可以找到一些比较小众的杂志，里面有餐区可以休息，适合时尚、设计从业者和爱好者。

广州

唐宁书店

唐宁中信店地址：天河北路233号
中信广场BM后街3号
唐宁广粤店地址：珠江新城海风路
广粤天地50、52、56、58号
微博：@唐宁书店

唐宁书店创建于2003年，是广州第一家文化生活书店。她以舒适的环境、贴心的服务刷新了读者的书店观念，它的文化品牌激发了人们对生活美学的认识。与此同时，她也触动了广州人对生活品质的关注。很多读者从小学开始在唐宁阅读、购书，唐宁沉淀在他们的记忆里。进入唐宁，你会感觉到自己是生活中的一个人，唐宁向读者展示了一种新的生活方式。2015年，唐宁的新店——广粤天地店——即将开张，在提升读者生活品质、提供思想和情感交流体验方面，唐宁将迈出更大的步伐。

大众书局

微博：@大众书局

01

南京

大众书局南京书城新旗舰店

地址：南京汉中路6号

南京

02

大众书局南京水游城店

地址：南京市秦淮区建康路1号水游城4楼

03

上海

大众书局上海正大乐城店

地址：上海龙华中路602号七-203正大乐城二楼

04

无锡

大众书局无锡恒隆广场店

地址：无锡恒隆广场6楼

全新诞生的大众书局新旗舰店是第三代书店的代表作，是大众书局在图书业新的开拓和尝试。

作为全国最大的民营实体书店，大众书局南京书城新旗舰店专注打造“专业，美感，相遇，回忆”的文化领域，象征智慧的图书阶梯、复古的世界著名文人挂像和国内名人题写的“书缘”墙、随处可见的读书宣言，这些都成为读者心中全新的“最美书店”的独有标志。

大众书局水游城书店是江苏省内首家旅行主题书店。水游城店装修颇具匠心，将巨大的铁轨悬挂在空中，并在很多地方设置了读书人的独立空间：一盏灯，一张桌，一本书，一杯咖啡，一个人的阅读时光。地板是横条木质结构，古朴却不失特色。店内配备的咖啡品尝，以及免费的茶水让每一位阅读者坐下后就能安心其中，流连忘返。

店里的书种类齐全，其中旅游相关的书籍为主，如旅行攻略、地图、语言书。

大众书局上海正大乐城店位于上海龙华中路，主打女性、家庭主题的乐城店，装修和布置上极富“女人味”。走进书店，献给伟大女性的主题专柜赫然醒目，近百张原木色桌椅摆设穿插其中，迎面而来的是“回”字形敞开的书架，以及三个特色“向伟大女性致敬”展柜，配以沙发、落地窗、各式花艺，店内的咖啡做得十分专业，并定期开展针对女性的互动活动(如咖啡制作培训等)，这里的一切都在向伟大的女性致敬

2013年下半年，大众书局作为重要文化产业项目进驻无锡恒隆广场店，在江苏打开了书籍与顶尖奢侈品同一平台的新乐章，这是大众书局首次大胆将书店入驻顶尖奢侈品高端经营场所。“书籍对于人们的精神世界来也是件奢侈品。”二楼的阅读区和咖啡简餐引人驻足.大众书局开业后倍受高端商务人士的喜爱。

大众书局入驻无锡恒隆广场的成功只是一个开始，在实体书店的前进道路上大众人一直不断摸索尝试，以打造“中国最美书店”为己任，创实体书店领军品牌。

西西弗书店自1993年以来，已经陆续在贵州、重庆、成都、深圳、南宁拥有二十多家门店。2015年，西西弗来到其跨省连锁的第六站：杭州。

书店名称取自《希腊神话》中的西西弗斯，象征着理想主义的实践。西西弗书店的特色在于，氛围浓厚物理空间、专业的产品运营、个性化服务互动的“三位一体”复合体验模式，强调物理空间所营造的阅读氛围和体验感。Park书店精致美观；“UP Coffee”矢量咖啡馆，融合阅读与交流；“Booartlife”不二生活创意馆，优质创意，趣味盎然；“7&12阅听课”儿童阅读体验馆，释放孩子天性的小乐园。

参与构成本地精神生活，西西弗希望用一间书店，一个文化空间，让读者一路走来，懂水的情，明山的意，方才不辜负这一方充满书香气的山明水秀。

杭州

西西弗书店

地址：杭州市上城区延安路98号

西湖银泰城B1层130号

微博：@西西弗书店-杭州

晓风书屋

地址：杭州体育场路529号

微博：@杭州晓风书屋

1996年，杭州保淑路和省府路口一个临时建筑，保淑路161号。21岁的朱钰芳一定不会想到，这个不到25平方米的小书店，在多年后会经历这样一刻：这个国家的总理走进她的晓风书屋，翻翻书，同她聊上几句，就像一个普通客人。总理李克强走进的晓风运河店，是晓风12家门店中的一间。而那些90年代的书店，大多已经散去、消失。而晓风体育场店，对于晓风来说是年代最久远的门店，对杭州来说，也是留存至今最“古老”的独立人文书店。

重庆

精典书店

地址：重庆市渝中区解放碑八一路
108号纽约大厦负一楼
微博：@精典书店

重庆精典书店是立足于重庆本土最早也最纯粹的人文独立书店，他像乡愁一样站在街角，见证着无数爱书人为书而生，被书所伤的青春、中年和向晚。读书是个人的事，但能让你遇见好书是精典的事！这里是城市书房，是心灵的故乡，引领重庆精神生活的文化空间。在电子阅读与网上书店夹缝中生存的时代，精典坚持以爱书人的专注精神，长期将品质好书与各类作家、学者文化讲座提供给重庆读者，就这样煎熬着煎熬着，他成为了读书人最向往的城市教堂！

南昌

青苑书店

地址：南昌市洪都北大道
299号金域铭都1-021号
微博：@青苑书店

青苑书店于1992年创办，陪伴了南昌人25年。在市场化浪潮中，青苑并没有急于转型，而是扎实做好选书，坚持人文特色。目前青苑书店还会不定期举办读书沙龙等活动，已经成为南昌的文化地标。对南昌的读书人来说，青苑是一种生活方式，一份精神姿态，一段成长记忆。她用清澈的人文之源浇灌这个城市的阅读风景，改变着城市坚硬的精神土壤。

南京

先锋书店

地址:南京鼓楼区广州路173号

微博：南京先锋书店

先锋书店是南京的著名文化名片，以“好书总在先锋书店”的读书理念，承诺读者要让书店在读者的眼中更多成为一种亲情文化、一种品牌体验、一种文化符号，18年来探索出一条以“学术、文化沙龙、咖啡、艺术画廊、电影、音乐、创意、生活、时尚”为主题的文化创意品牌书店经营模式，是许多年轻人心中的文艺圣地。

安康

Someday Plan 有天咖啡书吧

地址：陕西省安康市汉滨区内环路水西门以北50米

微博/微信：Someday Plan 有天咖啡

相比于之前的独立书店，这家新兴小书吧是以咖啡起家的。作为陕南山水小城安康的第一家独立咖啡店，位于美丽的汉江边。店主阿夏是复旦大学中文系研究生，毕业后没有投身文艺圈，回家做起了这家咖啡书吧，当上了文艺青年。另一位店主阿雪自马来西亚留学归来，行走过数十个国家。阅读，美食，咖啡，跟她们聊天，觉得人生也是一本书。介绍这家店，只是想告诉大家，爱书的你有一天也可以开一家自己的书店，把爱好当成工作。当然，怕亏本的话就边卖咖啡边卖书吧。

Chapter 4

独自去探索整个世界的美好

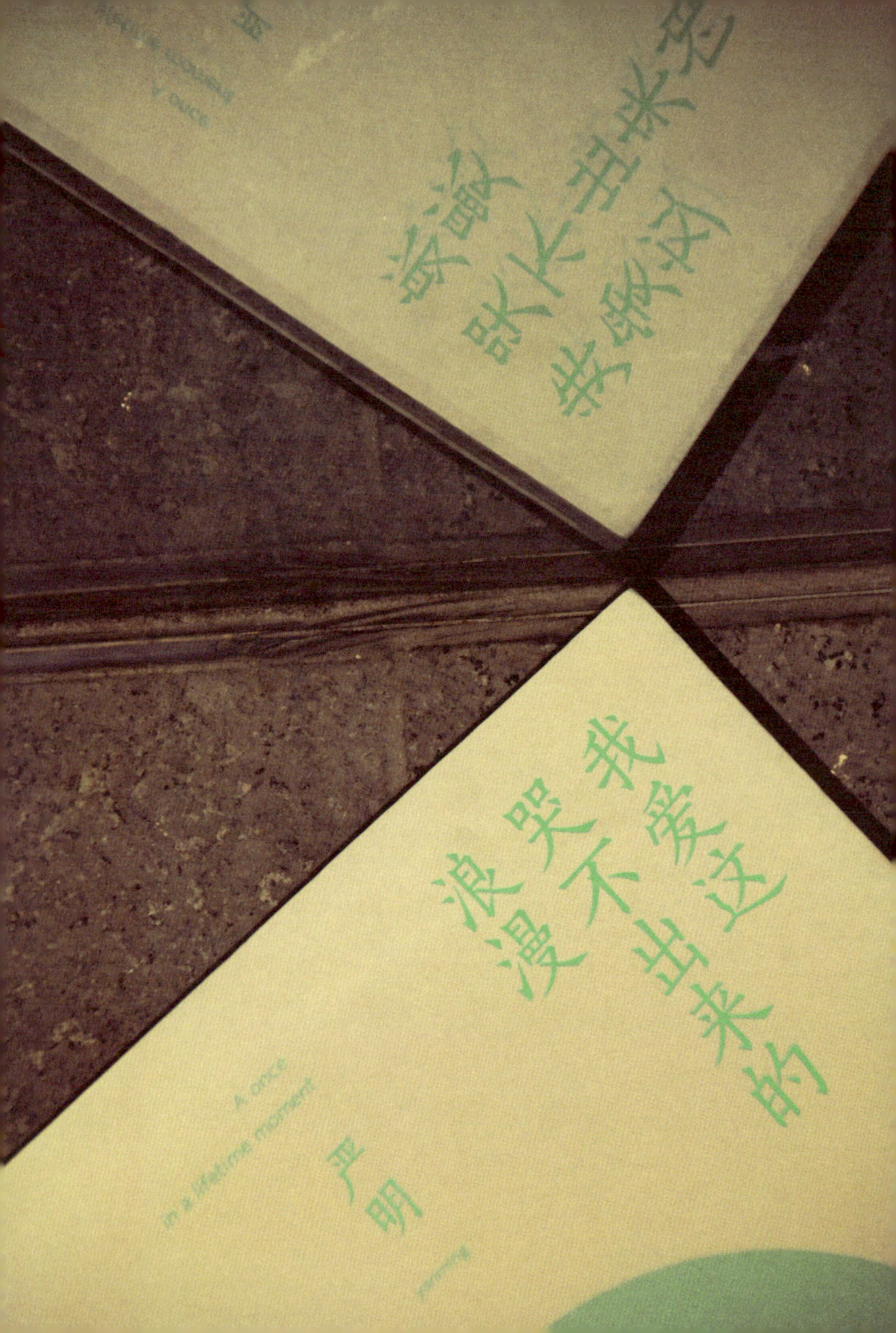
我爱这
哭不出来的
浪漫
A once
in a lifetime moment
严明

给人开书单不是个好习惯，就像梁文道说的，如果我们相信真正的好书能够改变人，那么一份书单就是在规划别人的成长目标，干涉他人的人生方向。而不管我们是谁，都没有资格告诉一个人该成为什么样的人。

但是，有时候，对于初出江湖的儿女，一份书单却也能起到不少作用。如果我们把阅读看作是一场探险，那么书单就是未知荒野中的路标，循着它走，不一定能到终点，但你终于迈开了步伐。

书单实际上分为两种，一种是对症下药，给特定的人开特定的书单，还有一种是经验分享，就像旅行指南攻略，是先行者对后来者的一点交代。前者有老师对学生的指导，后者则是功夫的切磋和交换。

这些书单，当然属于后者，是我个人的经验分享，不绝对、不公正、不权威，茫茫书海，每个人都有自己独特的路要去走，只希望这些书单，有助于你的参考。

从明天起，过有节律的个人生活
——自我管理书单

时间管理这件事被很多文艺青年鄙视，他们认为自由才是生活的真谛，但相对意义上的自我管理，在一个人的生活中，反而能让你过得更自由。如果你对时间管理没有概念，不妨看看这几本书。

《拖拉一点也无妨》［美］约翰·佩里　著

约翰·佩里创造了独特的“结构性拖延法”，但这本小书最重要的功能是让你接受自己，就算有拖延症，也可以过得很好。

《记事本圆梦计划》［日］熊谷正寿　著

把梦想写下来，一项一项拆分细化，一步步地实施完成。我们的脑瓜子并不如我们想的那么好使，用笔记本作为辅助，搭架一条实现梦想之路，一步一个脚印地走过去。

《自控力》［美］凯利·麦格尼格尔　著

真正的认识自我，关心自我，提醒自己真正的重要目标，才是自控力的基石。这本书并不提供太多教程，倒是帮助我们了解自己为什么意志力薄弱，从知道开始，然后开始行动。

《番茄工作法图解》［瑞典］诺特伯格　著

“一次只做一件事”这句话是《番茄工作法图解》第一章的题名，也是整本书的要义所在。纷扰世间，繁杂事务，都须一一面对，一一解决。

《把时间当作朋友》 李笑来 著

真正要管理的不是时间，而是自己。就算那些具体的方法论在别人身上被证明有效，你也不一定能同样办到，就像武侠世界里的倚天、屠龙固然重要，先练的总还是内功。

《暗时间》 刘未鹏 著

整本书的主题，或可总结为四个字：学会思考。扩展开来，则是：学习思维相关的学科（认知科学、心理学、行为经济学，等等）如何帮助我们进行更好的判断、决策、学习、记忆和生活。

《奇特的一生》［俄］格拉宁 著

苏联科学家柳比歇夫56年坚持做时间统计法，他用自己的一生证明，对自我的高要求是可以实现的。

《悠游度过一天的24小时》［英］阿诺德·本涅特 著

一本小书，风趣盎然。任何关于时间管理的书，不论写得多好，最重要的法则只有一条，那就是：行动。

《小强升职记》 邹鑫 著

中国本土化的GTD实践，让工作变得更加轻松自如、事半功倍的方法。

最伟大作家的最伟大作品
——名著书单

阅读，就像旅行。伟大作家的伟大著作，永远是视野远处耸立的高峰，即使我们抬头就能看到，但真要去跋涉攀登，却总是一再拖延。介绍名著不需要太多语言，下面这几本书，你也许早就听过，但不一定真的看过；如果你真的去看了，一定会受益良多。

《红楼梦》 曹雪芹 著

中国古典小说的高峰，怎么绕也绕不过去。

《莎士比亚全集》［英］莎士比亚 著

你真的知道哈姆雷特在什么情况下说了那句著名的话吗？

《堂吉诃德》［西班牙］塞万提斯 著

西方世界现代意义上小说的鼻祖。

《战争与和平》［俄］托尔斯泰 著

19世纪是小说的世纪，19世纪最伟大的小说就是这本。

《罪与罚》［俄］陀斯绥耶夫斯基 著

托氏向外，陀氏向内，俄罗斯文学的另一颗巨星。

《悲惨世界》［法］雨果　著

十九世纪除了俄国，不能忘了法国雨果。

《追忆逝水年华》［法］普鲁斯特　著

现代派小说的高峰。

《尤利西斯》［爱尔兰］詹姆斯·乔伊斯　著

现代派小说的另一座高峰。

《百年孤独》［哥伦比亚］加西亚·马尔克斯　著

魔幻现实主义中的代表作。

古文的正确打开方式

——易读古文书单

说起古文，很容易想到四书五经、二十四史、唐宋八大家，可是对于古文功底不好的人来说，读不懂是个大障碍。然而古代作者的才情和文笔可称颂者不少，不阅览一番，对不起自己。推荐几本明清文人的小品、散文，离现世近，好懂，也没有那么义正词严、家国天下，多关注个人和趣味，很适合今天的时代。

《陶庵梦忆》［明］张岱　著

回忆前朝旧事，讲民间世相，茶楼酒肆、说书演戏、斗鸡养鸟、放灯迎神，各色风俗人物，情趣文笔俱佳。

《西湖寻梦》［明］张岱　著

以西湖的各处景点和建筑为题，回忆前朝旧景，现在带着这本书去游西湖，想必别有滋味。

《闲情偶寄》［清］李渔　著

这本书，专门写生活乐趣。从住室与庭院、室内装饰、界壁分隔到妇女梳妆、美容、烹调，无所不包，放今天，李渔绝对是响当当的“生活家”。

《子不语》［清］袁枚　著

写的全是鬼故事，恐怖的少，有趣的多。从袁才子这，你会发现，一个人有趣，是多么重要。

《随园食单》［清］袁枚　著

这是一部有系统的论述烹饪技术和南北菜点的著作，全书分须知单、戒单、海鲜单、杂素菜单、点心单、饭粥单、茶酒单等十四个方面。真照着做犯不着，读起来肯定爽快。

《浮生六记》［清］沈复　著

沈复这本书和前面几个人的著作不一样，张岱的是回忆散文，但多是写景写事，李渔和袁枚用现在的话来说，写的是随笔，材料都在别处，讲究的是生活趣味，而沈复写的则是自己，主要写他和妻子芸娘的感情故事、家庭生活，当然也包含山水园林、饮食起居，值得一看。

《幽梦影》［清］张潮　著

古代最佳段子手读本。

《板桥杂记》［清］余怀　著

想了解秦淮河上的歌女名妓？不要错过这本书。

《帝京景物略》［明］刘侗　著

张岱带你梦回西湖，刘侗携你重走明代北京城，了解那些风景名胜、风俗民情。

《阅微草堂笔记》［清］纪昀　著

铁齿铜牙纪晓岚晚年所作的笔记小说集，全书主要记述狐鬼神怪故事，可以和《子不语》对照读。

用15分钟阅读一个世界

——短篇小说书单

4

短篇小说从来不是长篇小说的缩小版，它自有章法与尊严。想要在几千字里写出结构人物俱佳的故事，并非易事，何况还要写得有风格，有余韵。下面这几本小说集，不能说穷尽了最好的短篇小说，但它们一定可以给你不一样的阅读体验，原来短篇小说可以这么好看。

《安吉拉·卡特的精怪故事集》［英］安吉拉·卡特　著

虽然我们都过了看童话的年纪，但是这本《安吉拉·卡特的精怪故事集》仍能让我们读得酣畅淋漓并重新发现认识世界的乐趣。

《受戒》汪曾祺　著

汪曾祺的散文写得好，难得的是小说写得更好。《异秉》《受戒》等篇完美地将中国古典美学与现代小说技法结合，并且不留痕迹，这样的小说再没有第二家。

《当我们谈论爱情时我们在谈论什么》［美］雷蒙德·卡佛　著

卡佛所写的总是诸如餐馆女招待、锯木厂工人、修车工、推销员和汽车旅馆管理员等普通人，他所擅长的正是在普通人的日常生活中发现暗涌的情绪，说了什么，又好像什么都没有说。

《最初的爱情 最后的仪式》［英］伊恩·麦克尤恩　著

这位英国的天才小说家用让人惊艳的技艺带我们进入他有时温柔有时骇人的故事,《立体几何》一篇足以让你爱上他。

《看不见的城市》［意大利］伊塔洛·卡尔维诺　著

不能说这是一本短篇小说集，因为它几乎无法被分类。这些虚构出来的城市仿佛真实存在过一般被记录下来，犹如一个一个结晶的琥珀，一个一个迷人的梦。

《天桥上的魔术师》 吴明益　著

这是一本成长小说，不过不是从小到大一路成长，而是如今这般之后的回忆。时间拉开了叙事的场域，故事空间轻盈起来，生活在台北天桥下的少年们，一路疯长。

《虚构集》［阿根廷］豪路·博尔赫斯　著

对虚构的虚构，以及另外一种想象力。

《逃离》［加拿大］爱丽丝·门罗　著

门罗的小说总是给人混沌同时清澈，繁复同时简约的美感。

《九故事》［美］J. D. 塞林格　著

这是塞林格继《麦田里的守望者》之后出版的第二本书，也是世界公认的当代经典短篇小说集。

从前日色变得慢，一生只够爱一个人
——情书集书单

5

情书是一种美妙的信物，但在如今这个信息急速到达的时代，长信几乎已经被取消。无论你有没有经历过情书往来的年代，感受过爱情在等待和距离中发酵的滋味，都看看下面九本书吧，看看在书信往来的世界里，爱情是什么模样。

《朱生豪情书》 朱生豪　著

朱生豪写给宋清如的情书。

“我一天一天明白你的平凡，同时却一天一天愈更深切地爱你。”

《爱你就像爱生命》 王小波、李银河　著

王小波与李银河的情书。

“但愿我和你，是一支唱不完的歌。”

《从文家书》 沈从文、张兆和　著

沈从文张兆和书信。

“每次见到你，我心上就发生一种哀愁。”

《纯爱：冯亦代黄宗英情书》 李辉　编

冯亦代黄宗英情书。

“我已经想好了，将来无论是一只床还是两只，晚间我决不来和你温存，以免打搅你的睡眠，可是早上，应该是我们缱绻的时候，我要一口水吞下你，我要游遍你的山山水水。”

《两地书》 著鲁迅、许广平　著

鲁迅与许广平书信。

“我现在只望乖姑要乖，保养自己，我也当平心和气，渡过豫定的时光，不使小刺猬忧虑。”（乖姑和小刺猬指许广平）

《致诺拉》［爱尔兰］詹姆斯·乔伊斯　著

乔伊斯写给诺拉的书信。

“诺拉，我们只有短短的一生来爱。”

《卡夫卡致密伦娜情书》［奥］卡夫卡　著

卡夫卡给密伦娜的情书。

“有时我认为：假如可以因为得到幸福而死，那么我情愿去死，假如一个已经注定要死的人可以因为得到幸福而活下去，那么我情愿活下去。”

《自深深处》［英］奥斯卡·王尔德　著

王尔德在狱中写给他的同性恋伙伴道格拉斯的一封长信。

“你一定要为修复我们已被毁灭的生活，只有这样，我们的友谊和爱才能向世人表现出一种与以前不同的意义。”

《李敖情书集》 李敖　著

168封情书分别写给11位女人。

“我偶尔看到你，偶尔想起你，偶尔喜欢你，我用偶尔这个字眼，最能表示我的坦白，因为我从不永远爱我所爱的女人——如同他们也一直采用这种态度来回敬我。”

游记还能这么写？
——旅行文学书单

6

如今的书店里充斥着各种旅行书籍，有实用的旅行指南，有个人随笔，旅行成为人们生活中的重要组成部分的同时，旅行书的需求也日益增加，但是，旅行书其实可以有多种模样，就像旅行也有不同的方式。

《空谷幽兰》［美］比尔·波特　著

《空谷幽兰》记录了在中国内陆寻访隐士的过程，他告诉我们，终南山里，也许真的还有隐士。

《在乌苏里的莽林中》［苏］弗·克·阿尔谢尼耶夫　著

这是苏联地理学家阿尔谢尼耶夫于二十世纪初在乌苏里地区考察后写出的地理考察报告，也是一部堪与《瓦尔登湖》相媲美的绿色文学经典。

《机场里的小旅行》［英］阿兰·德波顿　著

阿兰·德波顿当机场“驻站作家”时，结识了来自全球各地的旅客，访谈了形形色色的人物，包括安检人员、飞行员、首席执行官……一周后，他写出了这部探讨旅行、工作、人际关系以及日常生活的本质的书。

《岛屿书》［德］朱迪丝·莎兰斯基　著

一本手绘地图和幻想文字的精妙结合，作者以手绘地图和精心文字，描述了50座位于世界边缘的岛屿，演绎了50个孤独而疯狂的世界。

《寻路中国》［美］彼得·海斯勒　著

彼得·海斯勒中国纪实三部曲的最后一本。作者沿着长城一路向西的自驾，讲述了一个因中国汽车业的高速发展而发生巨变的乡村。它以不同的视角，带领着我们认识中国。

《流浪集》舒国治　著

舒国治的代表作。他在中年远赴美国，晃荡了好几年，真正的闲人，真正的散仙。从各种生活的束缚中挣脱出来，回到自然状态：走路、喝茶、睡觉、吃烧饼、买书……关键还在于，他的文字别具一格。

《罗摩桥》郑宸　著

郑宸的一部旅行小说。虽是小说，但因为文章中充满了那种在场的细节和真实感，使你忘记这是一个小说而沉浸到旅行中去。虚虚实实间，总归很好看。

《看房子》西西　著

从黄金小径的卡夫卡故居到北京北总布胡同十三号，从德古拉的吸血鬼城堡到伊朗的神秘沙漠泥城，从荷兰的空中楼阁到德国波茨坦广场最漂亮的房子……她的旅行就是“看房子”。

《艽野尘梦》陈渠珍　著

1911年，为响应武昌起义，远在西藏的陈渠珍组织湖南同乡士兵和亲信百五十人取道东归而误入大沙漠，断粮七月余，妨饥挨饿，茹毛饮雪，仅七人生还。

《去他的巴西》胡续冬　著

诗人胡续冬客居巴西一年半的旅游和生活札记。作者以幽默的文笔，带给我们一个更多细节的巴西。

7 诗意地生活

——诗歌文学书单

当下现代诗在国内是被边缘化的，但在世界范围内，诗歌永远都是文学的巅峰，好的诗歌能够净化心灵，如果没耐烦遍历诗歌的海洋，不妨看看下面这些。

《草叶集》［美］瓦尔特·惠特曼　著

Oh Captain! My Captain. 美国现代诗的源头。

《荒原》［英］托·斯·艾略特　著

本书被评论界看作是二十世纪最有影响力的一部诗作，至今仍被认为是英美现代诗歌的里程碑。

《狄金森诗选》［美］艾米莉·狄金森　著

美国最伟大的女诗人，这一称号至今未过时。

《卡瓦菲斯诗集》［希腊］卡瓦菲斯　著

年轻肉体，欲望，现代。

《万物静默如谜》［波］维斯拉瓦·辛波斯卡　著

辛波斯卡一九九六年获得诺贝尔文学奖，是文学史上第三位获奖女诗人。她一生诗歌总量不大，但质量极高，在她这里，日常生活里处处都闪现诗意，经由她的诗，我们重新发现生活。

《二十首情诗和一首绝望的歌》［智利］巴勃罗·聂鲁达　著

他的诗篇具有自然力般的作用，复苏了一个大陆的命运与梦想。

——诺贝尔文学奖授奖辞

《海子诗全集》 海子 著

我们都知道“面朝大海，春暖花开”，实际上海子不止如此。

《结局或开始》 北岛 著

除了《回答》，北岛还有很多值得一读的诗歌。

《顾城诗全编》 顾城 著

顾城是一个长不大的孩子，他的诗一眼可以看到灵气。

《奇迹集》 黄灿然 著

日常生活中发现奇迹。

偶尔来点科幻
——科幻文学书单

9

科幻小说是最具生命力的通俗小说类型，在这里，我们可以挣脱现实的束缚，探索生命的源头，世界的尽头，让时间弯曲，让时空错乱。最重要的，阅读科幻小说你会发现想象力最有力的震撼。

《基地》［美］艾萨克·阿西莫夫 著

一个伟大星际帝国的衰亡。

《神经漫游者》［美］威廉·吉布森　著

它开启了赛博朋克这个文学亚类型。

《少数派报告》［美］菲利普·迪克　著

本书结集了菲利普·迪克最具代表性的九个短篇，赋予了科幻以复杂的文学性、心理深度以及社会警示意义

《2001：太空漫游》［英］阿瑟·克拉克　著

库布里克经典电影《2001：太空漫游》原著小说，所有的故事，都开始于300万年前，从人类开始的那一刻讲起。

《严厉的月亮》［美］罗伯特·海因莱因　著

月球的地下城市中住满了从地球流放来的罪犯，他们受尽地球盘剥。为了保证月球有限的资源不会枯竭，月球人开始了反抗。

《仿生人会梦见电子羊吗？》［美］菲利普·迪克　著

核战后，地球已不再适合人类居住。为了鼓励残存的人口移民，政府承诺为每个人自动配备一个仿生人帮助其生活。后来，仿生人不满足于被人类奴役的现状，想方设法逃回地球。

《安德的游戏》［美］奥森·斯科特·卡德　著

1986年，他的《安德的游戏》囊括雨果奖、星云奖，1987年，其续集《死者代言人》再次包揽了这两个世界科幻文学的最高奖项。

《银河系搭车客指南》[英] 道格拉斯·亚当斯　著

古怪有趣的科幻小说。

《黑暗的左手》[美] 厄休拉·勒古恩　著

厄休拉·勒古恩被誉为世界幻想文坛的女王，本书是她的代表作，在远离人类活动范围的冬星，人类的一支在这里扎下根来，生长繁衍。

《三体》刘慈欣　著

如果你还没有读过科幻作品，可以从这里开始，中国目前最好的科幻长篇。

万物有灵且美
——自然文学书单

人世并不等同于整个世界，在人类之外，还有大地，大地上的万种植物动物，它们有灵且美，忽视它们，就是忽视自己，爱它们，便是爱自己。

《瓦尔登湖》[美] 梭罗　著

回归自然生活的一次实验。

《一平方英寸的寂静》［美］戈登·汉普顿、约翰·葛洛斯曼　著

我们生存的世界早已消失了自然的寂静，而“对人性改变最大的，莫过于失去寂静”。

《大地上的事情》苇岸　著

苇岸在他的文字里写满了对自然消失的忧虑，并且不遗余力地以正面能量赞颂着自然、大地，通过他的散文，你会发现曾经忽略了大地上多少美好的事情，日出与日落，胡蜂与蚂蚁。

《醒来的森林》［美］约翰·巴勒斯　著

这是一位生活在十九世纪的自然爱好者“关于鸟的书”，作者始终“过着农夫与作家的双重生活，用锄头和笔在土地和白纸上书写着他的心愿”。

《看不见的森林》［美］戴维·乔治·哈斯凯尔　著

在这本书里，一位生物学家以一年的时间为主线，在每次的观测中，为我们揭开藏在森林一平方米地域里的秘密。从一个微观环境窥探整个森林的秘密。

《迷蝶志》吴明益　著

虽然整本书都在写蝴蝶，各种蝴蝶，但不要以为这是一本百科式的植物图鉴，或者报纸上的自然主题专栏，它不是说明文，吴明益写的是他与蝴蝶的相遇，有蝴蝶，也有他自己。

八卦张爱玲必备书单
——张爱玲相关书单

之所以出这张书单，是因为我喜欢，算个彩蛋吧。张爱玲的魅力并没有随着时间消散，反而在时间的沉淀下越发耀眼。关于这个天才的女作家，她的作品，她的人生都被许多文艺青年们津津乐道，下面奉上“八卦张爱玲必备书单”，了解张爱玲多一点。

《小团圆》 张爱玲　著

这本书是张爱玲晚年所著自传体小说，本来是不准备出版的，但终于在2009年被张爱玲的遗产继承人宋以朗出版了，虽然有人坚决表示尊重张爱玲的意愿，愤而不看此书，但是作为一个传奇的追随者，此书必读。

《今生今世》 胡兰成　著

没有错，胡兰成的那一章《民国女子》实在是所有张迷都没法错过的景点，你总会想知道，这个人会怎么写她的。

《张爱玲私语录》 张爱玲　宋淇　宋邝文美　著　宋以朗 编

这本书是宋以朗整理的他的父母与张爱玲长达四十年的三百多封书信选录。张爱玲好像不写日记，她的信近两年越出越多。这一本可以看到张爱玲离开大陆之后的状态。

《张爱玲庄信正通信集》 张爱玲、庄信正 著

在这本书里，你会发现张爱玲在美国生活得不轻松，经常搬家，怀疑家里有跳蚤，状态很不好。而且她有一个习惯，很长一段时间不回信，即使取回来也不拆，她有一个自己处理和外部世界关系的法则。

《长镜头下的张爱玲》 苏伟贞 著

本书是苏伟贞以自己占有的资料对张爱玲的评述，拉进了读者与这个传奇女子的距离。张爱玲的一封信中提到许鞍华的电影，突然觉得很神奇，原来张爱玲90年代还在世。距离把时间都弄乱了。

《张爱玲城市地图》 淳子 著

作者遍寻张爱玲在上海的足迹，一一走访张爱玲曾经住过的地方，有考证，有八卦，还有现实的今昔之感。其实，八卦到深处就是考证，考证说起来不过是八卦。

关于张爱玲的传奇，除了以上几本，还有几本我没有看过但直觉不错的，仍然值得推荐。

《张爱玲给我的信件》 夏志清 编注

大家都知道，是夏志清把张爱玲和沈从文从中国现代文学的废墟中给拉了出来，才有了之后显赫的“张学”。张爱玲写给夏志清的信，当然值得一看咯。

《张爱玲传》 余斌　著

之前推荐过他写的《周作人》书不厚，但眉目清楚，好读好看。盲荐本书，也是对作者的信任吧。

《我的姐姐张爱玲》 张子静　著

如果你看过张爱玲的书，一定会知道她和弟弟的关系。弟弟来写姐姐，无论如何都值得一看吧。

特别鸣谢

俞晓群　梁鸿　阿乙
感谢　生活书店团队对本书的精心制作
我的编辑邝芮　为本书付出的心血
唐宁书店　拍摄的美好图片
弈庄独立工作室 桃子家族手工坊
制作的精美图书周边
感谢 微信十点读书 水木文摘 淘漉文化
拇指阅读　微杂志　豆瓣上海租房小组
为本书提供的媒体支持
大众书局　西西弗书店　唐宁书店　重庆精典
青苑书店　晓风书屋　有天等独立书店提供的内容
也感谢
所有看到这份成果的你